AF229128

¡Todo era Mentira!

Un Brutal Encuentro con la Realidad

Dr. Carlos Maldonado Ortiz

Información sobre pedidos:

Para pedidos y consultas, contáctenos en (solo inglés):

1-888-375-9818
www.goldtouchpress.com
book.orders@goldtouchpress.com

Impreso en los Estados Unidos de América

ÍNDICE

A mi Hijo:
Diminuto engranaje del ciclo perenne.
Destello fugaz que desenmascara lo absurdo,
que desentraña la muerte.

CAPÍTULO I

La Mierda Es La Mierda

En Busca de lo Absoluto

Con todo y sus greñas en polvorosa lo mandaron a chingar a su madre. Y por más que intentó disuadirlos, todos se hicieron pendejos. El resto de su vida lo pasó insistiendo en que las leyes que había enunciado sólo se aplicaban a una parte del mundo físico; no al espiritual y menos aún a la moral. Pero eran muy convenientes para un mundo de mediocres y pusilánimes, y él mismo fue tomado como un símbolo, esgrimiendo sus ideas para justificar la imbecilidad de la manada y su total pérdida de valores y sentido común. Así, sin tener la menor idea de qué hablaba, se montaron sobre sus conceptos, y pretendieron que todo era relativo; que el mundo era como cada quien quisiera verlo, a través de su propio cristal; y como consecuencia lógica y previsible, la ignorancia hundió todo en el caos. Sólo que se olvidaron de un pequeñísimo detalle: *LA REALIDAD.*

Y es este *"pequeño olvido"* el que desmorona todas las ilusiones y perspectivas, rectas o retorcidas; es éste la raíz de nuestros infortunios y pesares. Por culpa de él nacieron todos los traumas y frustraciones que han desasosegado a la humanidad desde tiempo inmemorial, originando a su vez una sarta espantosa de remedios y terapias, mitos y leyendas, que han dado de comer a generaciones de brujos, curanderos, psicólogos y otros bichos similares, a quienes la bola de pendejos supone menos pendejos que toda la bola de pendejos. El problema es que, aunque queramos cerrar los ojos o huir de ella, la realidad está siempre ahí, inmisericorde e ineludible, brutal.

Para complicar aún más las cosas, sórdidos intereses políticos aunados a la avaricia desmedida de comerciantes sin escrúpulos, aprovechan la caótica situación para lograr sus objetivos más aberrantes. Valiéndose de una mercadotecnia cada vez más sofisticada, han logrado condicionar tanto nuestro comportamiento que nos hacen consumir hasta lo impensable. Con la mente y la sensibilidad abotagadas, caímos en la trampa del culto a los mundos de fantasía, donde la realidad no importa, y la verdad se torna irreconocible. Tenemos, así, príncipes azules, karatecas voladores, simpáticos monstruos multicolores y hasta cerdos que hablan; sin ofender a nadie, por supuesto. Nos han convencido de que embeberse en la ficción promueve el desarrollo intelectual del individuo, conjeturando incluso que esto es lo que ha impulsado "la gran creatividad" que caracteriza a nuestra pomposa civilización moderna. Nada más lejos de la verdad. El sobrevaluar tales espejismos ha deteriorado nuestra capacidad perceptiva. Abismados en la adicción por un mundo artificial, queremos destruir el mundo de verdad, para que no perturbe nuestro delirio. Prueba fehaciente es la embrutecedora propensión que hemos desarrollado por los videojuegos y los celulares. Y cabe destacar la popularidad de "vanguardistas" programas computacionales que nos permiten tener una fabulosa "segunda vida" donde podemos realizar todos nuestros anhelos. Queremos vivir en una telenovela, complicando artificialmente las cosas para dar un poco de emoción a nuestra rutinaria existencia, pero sin afrontar desafíos y responsabilidades reales. Ante tantos valores improvisados, sin sustento, surge una pregunta capital:

¿Existe lo absoluto? Algo que nos sirva de referente para evaluar todo lo demás. Y si existe, ¿podemos dejarlo de lado sin consecuencias? He aquí una pregunta que toma una vida entera el responderla, y que la inmensa mayoría pretende evadir. Tales son las enormes implicaciones que conlleva.

Cuando recién se inventó la fotografía, en ese entonces era en blanco y negro, aunque algunos no lo crean, tuvo una consecuencia impensable: Hubo que redescubrir la luz; afinar nuestra comprensión de su comportamiento y su captación por el ojo humano. Como parámetro para medir la diferente luminosidad de los tonos que formaban las imágenes, surgió la necesidad de crear una "Escala de Grises", cuyos extremos eran el blanco y el negro puros. En medio quedaba una gradación de grises surgida de la combinación de ambos en diferentes proporciones. El blanco y el negro eran los valores absolutos, esenciales e inmutables que definían todo lo demás, y esclarecían nuestra percepción visual del mundo. Y nada cambió cuando los colores aparecieron. Para aquellos paladines de la tolerancia a quienes la existencia de extremismos sólidamente fundamentados los aterra, malas noticias, por más que quieran satanizarlos, la realidad es que lo blanco y lo negro no sólo existen, sino que tienen una significación primordial y concluyente, son partes imprescindibles del Cosmos, la obscuridad y la luz. Lo absoluto es insoslayable. Y no es que se pretenda ver la vida en blanco y negro, simplemente hay factores positivos que liberan al individuo, que le dan la paz espiritual y permiten su desarrollo intelectual; y hay factores negativos que lo hunden en la esclavitud, que lo anulan como Ser Humano y lo condenan a una vida de desasosiego y frustración.

Para hallar la elusiva respuesta, la sensatez nos aconseja utilizar el método científico, cuyo cimiento es la meticulosa observación de la realidad de la Naturaleza; la cual es, simplemente, el conjunto de seres, fuerzas energéticas y materia que componen el Universo en su estado primario. No existe ninguna otra posibilidad. Basados en este escrutinio se formulan teorías, que deben ser comprobables y repetibles con la experimentación, y se obtienen conclusiones irrebatibles. Analicemos, pues, el entorno que nos envuelve con espíritu crítico y mente receptiva, buscando en él valores trascendentales, inmutables, que realmente puedan servirnos de guía y nos aclaren para qué estamos aquí. Increíblemente, son muy simples y se encuentran a la vista de todos. De inmediato se hace patente que basta observar la realidad para comprender cómo estamos integrados en el Universo. No es cuestión de crear corrientes ideológicas o creer cosas absurdas; no hay nada que filosofar ni que redefinir; en la Naturaleza todo está ya determinado. Todas las respuestas que buscamos están ahí. La primera gran verdad que surge por su apabullante solidez e incuestionable importancia es: la Naturaleza puede vivir sin el hombre; pero el hombre no puede sobrevivir sin la Naturaleza. De este hecho fundamental se desprende un razonamiento básico: Tenemos la obligación ineludible de proteger el bienestar de la Naturaleza pues es imprescindible para el propio bienestar del hombre. La Naturaleza no está a nuestro servicio. Por lo tanto, *la supervivencia de la Naturaleza lleva **prioridad** sobre la supervivencia del Ser Humano*. No hay manera de resaltar con más énfasis este **Primer Valor Absoluto**.

El desafío más apremiante para la civilización actual es la sobrepoblación del planeta. Por más que se paren de cabeza científicos, teólogos, políticos y muchas otras sabandijas estrambóticas, dando solución a esta clara y simple cuestión se resolverá, prácticamente, la totalidad de la problemática que nos agobia: Producción insuficiente de alimentos; destrucción y contaminación de ecosistemas para proveer de servicios, transporte, y comunicación a una población en desmesurado crecimiento; crear fuentes de trabajo, escuelas, hospitales para las nuevas generaciones; y un larguísimo etcétera. El origen de todo es que se han eliminado los mecanismos naturales de control poblacional. Y la principal culpable de esta catástrofe es la medicina. De la loable intención inicial se pasó a la perversa ideología política y religiosa de pretender que la vida del hombre es sagrada, intocable; ya hasta queremos ser inmortales. A ello se ha agregado la mórbida concepción de la salud como un negocio; y entre más clientes más dinero. Y tienen muchos argumentos "humanistas" que esgrimir para proteger sus intereses. Irónicamente, estamos llegando al punto en que la vida de un árbol será mucho más valiosa que la vida de un hombre.

Recuerdo un estudio hecho en la India por biólogos que buscaban salvar de la extinción al tigre de Bengala. La conclusión: Un solo tigre necesitaba unos cincuenta kilómetros cuadrados de territorio para satisfacer sus necesidades vitales y poder, a la vez, interactuar con sus semejantes. Lo demás era cuestión de hacer un simple cálculo para deducir cuántos felinos cabían en el área disponible y limitar su número para lograr su mayor desarrollo. Lógicamente había que dar prioridad a los mejores ejemplares para aumentar al máximo las posibilidades de supervivencia. Con el tiempo se han hecho numerosos estudios similares de diversas especies que nos dan una clara idea del panorama general de la interacción entre los seres que habitan la tierra. Inconcebiblemente, no hay un solo estudio que evalúe las perspectivas a las que se enfrenta el hombre. ¿Cuántos individuos caben en un lugar según los recursos naturales disponibles? ¿De qué tamaño deben ser las ciudades para que las personan no pierdan su calidad humana? ¿Cómo reducir los desperdicios que envenenan nuestro ambiente? Así como la física y la química han aumentado nuestro conocimiento del mundo material, las ciencias del hombre ya deberían haber dictaminado al menos las bases de un patrón del comportamiento humano. Sin embargo, luego de siglos de estudio, nos ha faltado el valor para rebasar complejos y prejuicios, refugiándonos en el pedante pretexto de la "inextricable complejidad intelectual" del hombre. ¡No es verdad que sea tan complicado! El principal obstáculo es el hiperhumanismo actual, artificial y grotesco. Nos gusta sentirnos especiales, únicos; en nuestra miope concepción argüimos que no es posible juzgar al hombre como a cualquier otro animal. La realidad, por el contrario, no admite excepciones. Es estúpido pretender que la humanidad tiene derecho a abarcar todo el espacio; a destruir el equilibrio ecológico, esencial para sustentar la vida en el planeta. No existe en el mundo un solo plan de gobierno que considere el control poblacional, sobre bases naturales, para mantener el bienestar de sus ciudadanos. Los programas ideados con fines políticos han sido un completo desastre. A juzgar por la propaganda que hacen, los gobernantes parecieran tener la intención de llenar de casas toda la superficie de la tierra. Por decreto quieren cambiar las leyes naturales a su conveniencia. La verdad es tan simple como entender que no puedes meter diez jitomates en una bolsa en la que sólo caben cinco, sin que unos a otros se destripen. Tenemos la opción de utilizar la inteligencia para controlar el absurdo crecimiento poblacional, o podemos dejar que la Naturaleza actúe para remediar el problema, y aceptar las consecuencias de nuestra propia estupidez; sencillamente, ya no cabe tanta gente. *¡La tierra tiene un cupo limitado!* He aquí el **Segundo Valor Absoluto.**

Nos han hablado tanto de la vida eterna, de nuestro parentesco celestial, que terminamos creyéndonos el cuento de los "Hijos de Dios". De nuevo la fantasía nos impide evaluar la fragilidad y lo fugaz de la existencia. Nuestra incapacidad para disfrutar la vida es aterradora. Entre falacias e inventos fabulosos, nos la pasamos buscando cómo "matar el tiempo" porque no sabemos cómo aprovecharlo. La tecnología se ha convertido en nuestro verdugo. Atascados en un consumismo desenfrenado; nos han convencido de que estamos aquí para acumular objetos. Hemos olvidado el placer de realizar actividades creativas y productivas como diversión. Estamos de paso en este mundo y nuestra estancia es muy breve, no hay tiempo que perder. ¡No es verdad que somos eternos! Y de la resurrección... Mejor ni hablamos; pa' no mentar madres. *La vida es una experiencia única y perecedera.* Este es el **Tercer Valor Absoluto.**

En la Naturaleza todo tiene un orden bien establecido. Para poder alcanzar etapas más avanzadas es indispensable llenar ciertos requisitos. Una rana, antes de rana, debe ser renacuajo, y haber sobrevivido. Tan obvio como analizar que sólo un cirujano, luego de preparase durante años para adquirir los conocimientos necesarios, está facultado para hacer una cirugía. O que sólo un ingeniero con gran experiencia sepa cómo construir un rascacielos. Es inadmisible que una persona ignorante quiera tener derecho a opinar sobre cuestiones de las que no tiene el mínimo elemento de juicio. No todas las opiniones son válidas, ni mucho menos son respetables. Durante siglos se tuvo la idea de que la tierra era plana y centro del Universo. Y no porque millones de pendejos creyeran que esa pendejada era correcta, por eso dejaba de ser una pendejada. No puedes ni debes respetar la estupidez. El conocimiento amplía el criterio y da fundamentos para poder formular una decisión informada, pero sobre todo válida. Si quieres que tu opinión se respete, debes comenzar respetándote a ti mismo, capacitándote para poder expresarte. Se nos ha olvidado el sabio proverbio: "No opines de lo que no sepas".

Por otro lado, con la propaganda comercial asediándolas sin piedad, las nuevas generaciones se han creído que son lo más importante y que todo lo merecen. Están atrapadas en la mentalidad de la recompensa inmediata. Ser considerado como celebridad por logros sin mérito, y sin hacer esfuerzos ni compromisos. Esto se refleja vergonzosamente en su adoración por los deportistas o los mal llamados artistas; un hatajo de ignorantes sin auténticas cualidades a los que la publicidad ha transformado en héroes de una sociedad consumista, y ganan sueldos exorbitantes porque son productos muy vendibles; aunque sean simples nimiedades. En contraste, los maestros que tienen el invaluable encargo de preparar a las futuras generaciones, los campesinos que producen los alimentos que nos nutren, o los profesionistas de la salud, quienes tras años de estudios brindan servicios esenciales, reciben salarios denigrantes. Los grandes anhelos de hoy son ser futbolista o "cantante" para ganar mucho dinero y ser famoso. Así de deforme está nuestra escala de valores; así de grave es la domesticación. Para alcanzar la madurez, la sabiduría, hay que obtener primero la experiencia enfrentando y adaptándose a la realidad; esto cuesta disciplina, dedicación y perseverancia. Los derechos no se dan graciosamente. La Naturaleza nos lo demuestra de forma irrefutable: Primero hay que sembrar, regar, cuidar, para luego poder cosechar, y eso toma tiempo y empeño. *Los derechos no se exigen, se ganan con esfuerzo, después de cumplir obligaciones.* Aquí tenemos el **Cuarto Valor Absoluto**.

Dice un sabio refrán: "El que nace pa' maceta del corredor no pasa". Sin embargo, con el cuento de los derechos humanos, hoy se pretende que todos tenemos derecho a todo, y que es legítimo exigir tal equidad. Así encontramos a muchos jóvenes que a fuerzas quieren estudiar una carrera universitaria para la cual no tienen las facultades necesarias, aunque después sean unos profesionistas mediocres que sólo van a ocasionar daños a la sociedad. Mientras que en épocas antiguas, como el Renacimiento, la excelencia era la máxima aspiración, hoy hemos bajado los estándares para dar cabida a nuestra negligencia y pereza. La consigna es: No me exijas nada y yo no te exijo nada, disfrutemos de nuestra mediocridad. No obstante, nos sentimos merecedores de elogios y distinciones. Cualquier pendejo se cree capaz de crear, de innovar, de ser un genio. Queremos negar la realidad, pero si no se trae de forma innata el talento, simplemente, no va a haber frutos. Nuestra carga genética especifica nuestras capacidades físicas, mentales y espirituales, lo que nos faculta para realizar ciertas funciones que van a definir el papel que a cada quien le toca desempeñar, nos guste o no. *¡No todos somos iguales!* He aquí el polémico, pero incuestionable, **Quinto Valor Absoluto.**

Dada la brevedad de la vida humana, es imperativo situarnos cuanto antes en el tiempo y el espacio. Pero no me refiero a una visión miope de limitarnos a nuestro país y época, sino a tomar consciencia de nuestro lugar en la historia y en el Universo. Disminuir el paso para poder reflexionar, y percibir nuestro entorno. En el aceleramiento que caracteriza esta época cibernética, en la cual no queremos perder un segundo de conexión en las "redes sociales" pero despilfarramos la vida en banalidades, hemos pretendido que todo es válido, que cada quien puede interpretar las cosas como quiera y hacer lo que quiera, por más grotesco que sea; de hecho, entre más grotesco mejor, porque más se explota el morbo y hasta nos puede convertir en una "celebridad". Nos hemos olvidado del **Sexto Valor Absoluto**: *Es primordial definir con precisión los conceptos fundamentales para aclarar las ideas.* ¡Para saber con exactitud de qué estamos hablando! De lo contrario vamos a naufragar en un mar de nociones ambiguas, o peor aún, tergiversadas o falsas, que nos apartan del verdadero significado de las cosas. Lo más grave es que este relativismo desmesurado nos ha sumido en una terrible confusión; nos hemos despeñando en un abismo de errores que nos llevan a desperdiciar la vida, en vez de disfrutarla. Esto nos conduce, por último, al **Séptimo Valor Absoluto**: *Nuestros actos traen consecuencias.* Lo que hagamos o dejemos de hacer no sólo afecta nuestra única vida, sino trasciende a la vida de los demás. Nos debemos a una sociedad que, mal que bien, abastece nuestras necesidades; y querámoslo o no dependemos de ella. Si deseas tener libertad individual total para hacer lo que se te de tu gana, tendrás que hacer lo mismo que los pueblos indígenas que habitan en lugares apartados, sin tecnología; produciendo sus alimentos, construyendo sus casas y confeccionando sus ropas ellos mismos. Si lo haces, ten la absoluta seguridad que eso va a cambiar radicalmente tu concepción de las cosas. Y es que, nada más por el simple hecho de tener que definirla, incluso la libertad tiene reglas. No podemos restringirnos al enfoque egoísta de que, si lo que hacemos es bueno o malo, es sólo de nuestra incumbencia. No se trata de cuestiones moralistas o éticas. Nuestro comportamiento nos aprisiona o nos libera, pero también, como las ondas acuosas que crea la gota al caer en la poza, difunde a nuestro alrededor su luz o sus sombras.

En nuestra gran "revolución liberadora" queremos hacer a un lado las leyes naturales y dar rienda suelta a nuestras extravagancias. La domesticación del individuo ha sido tan extrema y terrible que, en esta vorágine de derechos disparatados, hemos llegado incluso a abolir nuestros instintos más elementales. Así, se nos puede convencer de que es válido comer cagada, aunque, como residuo de un proceso fisiológico natural, es algo repulsivo que nuestro cuerpo ha desechado por inservible o tóxico. Sólo a un cerdo las heces le parecen un manjar delicioso. La realidad no admite ambigüedades. Por más que le queramos hacer al pendejo, *en el mundo de verdad la mierda es la mierda. Y cuanto más la revuelves, más apesta.*

CAPÍTULO II

Y Al Final, Todo Fue Puro Verbo

¿DIOS?... ¡AAAYYY DIOSITO!

¿Cómo haberlo imaginado? Si aun mirándolo, palpándolo, era inconcebible, indescifrable. ¡Qué inmensidad tan devastadora! ¡Qué desasosiego en el alma! Tanta soledad en un simple rincón; tantos enigmas vagando por aquel insondable abismo. Aislado de la civilización, inmerso en la arrebatadora presencia del paisaje nocturno, bajo el cielo cuajado de estrellas, la realidad surgía brutalmente: ¡Qué diminutos e insignificantes somos! ¡Qué magnificente es el Cosmos! ¡Cuántas emociones encontradas asediaban al espíritu, agobiando el pensamiento, aterrando el Ser! Y de pronto, como un relámpago que rompe la obscuridad, la respuesta; la anhelada respuesta, mil veces implorada: ¡Así nació Dios! ¡Esto es Dios! Fue aquí donde la mente humana creó un refugio contra el abrumador vacío, la zozobra, el desamparo; un abrigo donde arroparse, y escapar del miedo, de la locura… de la nada. Y por nombre le puso Dios.

Sólo aquellos que han tenido el privilegio de experimentar la comunión total con la Naturaleza; al adentrarse en ella aceptando el reto de ser responsables de su propia vida; enfrentando miedos atávicos y desafiando los riesgos de encontrar su propio camino; han tenido la oportunidad de percatarse verdaderamente de nuestra pequeñez ante el Universo. Es aquí cuando surge la conciencia de qué llevó al Ser Humano a concebir la idea de Dios. Después de todo, si el hombre fuera el fin, todo estaría perdido; el ensueño y lo maravilloso condenados al olvido; nada quedaría para inspirarnos, para rebosarnos de fascinación. En nuestra insignificancia, nuestro breve paso por la tierra sería un desperdicio. Con nuestro potencial humano adormecido, nunca nos elevaríamos del nivel animal. Fue por eso que el hombre tuvo necesidad de crear a Dios, y no al revés.

Las dificultades comenzaron cuando se trató de reinterpretar la realidad. Y de ahí surgió una variedad increíble de religiones para satisfacer todos los gustos y exigencias; fomentadas por individuos que, sin miramientos, vieron en ellas la oportunidad de saciar sus ansias de poder, controlando a los demás. Al principio estas creencias fueron animistas, basadas en los elementos naturales, imaginando seres fantásticos o animaloides, enraizados en la realidad. Estos dioses eran crueles y demandantes, y exigían tributo y respeto, lo cual ayudó a preservar la Naturaleza. Cuando la conciencia evolucionó, aparecieron los semidioses y los dioses con características humanas. He ahí la mitología griega, copiada y aumentada por los romanos, en la que se vislumbra ya el preludio de nuestro ascenso al trono. La situación empeoró con el advenimiento del monoteísmo, la mayor calamidad que haya azotado a la humanidad jamás. Se llegó así a concebir la conmovedora historia de un pobre ingenuo que se dejó martirizar a lo pendejo, queriendo redimir lo irredimible. Aquí es clave resaltar que la religiosidad necesita de objetos físicos para reforzarse. Por eso surgieron los ídolos de piedra, los íconos de santos, las reliquias y, finalmente, las figuras de dioses francamente humanoides, como reflejo de nuestros enfermizos anhelos. Al hacerse las prácticas religiosas cada vez más abstractas, como en el protestantismo, que eliminó las imágenes religiosas y, al final, a la iglesia misma como intermediaria celestial, el hombre terminó ocupando el lugar de dios. Y habiendo sido hecho a su imagen y semejanza, como consecuencia lógica se le dio un lugar predominante en la tierra, convirtiéndose en el Rey de la Creación. En los últimos tiempos, la ciencia y la tecnología han contribuido a expandir el "poder" del hombre, consolidándolo como dios. Con la capacidad para hacer lo que ambicione, se ha ganado el derecho a dominar o destruir el planeta y, ¿por qué no?, el Universo entero.

A juzgar por los hallazgos arqueológicos, tenemos más de catorce mil años creyendo en dios, y de nada ha servido a nuestra evolución. A saber, desde el principio de los tiempos la misión de dios ha sido poner orden en el caos, sin embargo, la creencia en él sólo ha creado una situación más caótica, que ha empeorado la convivencia entre los individuos. Uno de los problemas básicos es que la religión es inexorablemente dogmática, o sea que hay que creer en una serie de pendejadas y cosas absurdas para que pueda ser válida, si no, toda la creencia se desmorona catastróficamente. Así tenemos, por ejemplo, a una mujer que, en tiempos antiguos, sin fertilización artificial, parió un hijo sin que se la enchufaran, ¡porque tener relaciones sexuales era pecado! Ya desde ahí iniciamos con una base muy endeble, falsa. El otro gran problema radica en que la idea de dios, en sí misma, es vulgar. Basta ponerlo a escala humana para darnos una idea más clara. Se supone que, tras poner en orden el desorden universal, entre las funciones de dios deberían estar la de traer prosperidad al mundo, la de impartir justicia castigando a los malvados, la de ayudar a los desamparados, que, por principio, ni siquiera deberían existir. Pero de todas no hace ni una sola. Y si no anda resolviendo los problemas de la gente, cabe entonces preguntarnos: ¿A qué se dedica dios? Una vez acabado el Universo, ¿qué trabajo hace en su día a día? ¡Pues para algo debe de servir! ¿Qué está haciendo en este momento en que los hospitales están llenos de pacientes moribundos que imploran su ayuda, y no reciben el menor consuelo? Comparémoslo con un padre, pues eso es lo que se dice que dios es, quien irresponsablemente trae al mundo un montón de hijos, pero no se hace cargo ni de su alimentación, ni de su vestido ni de su educación;

que, aunque tiene todo el tiempo libre, se la pasa güevoneando mientras sus vástagos hacen desastre y medio, según les venga en gana; o sea, un total desobligado. ¿Cómo llamamos en nuestra sociedad a un marrano de esos? De inmediato la situación se presenta como una calamidad espantosa. Por otro lado, sólo hay que imaginar a un tipo que quiere que todos lo adoren, y le agradezcan constantemente sus favores, así de acomplejado está este pobre estúpido, quien, porque tiene el poder, pretende realizar todos sus caprichos, manipulando la vida de las gentes a su antojo. Que no admite ningún reclamo ni cuestionamiento. Que pretende total exclusividad; y que, además, ¡es eterno el Güey! Peor aún, la gran recompensa que ofrece es la vida eterna a su lado, ¡como su pinche gato! ¡Puta madre! Si nos vamos a la posibilidad de que Dios sea real, las consecuencias son aún más cataclísmicas.

Pero, para fundamentar nuestras creencias más allá de un irracional y vil sentimiento animal, como seres humanos pensantes tenemos la obligación irrenunciable de interpretarlas con el intelecto. Así, para tener consistencia con los principios absolutos ya mencionados y entender con precisión de qué estamos hablando, definamos, en primer lugar, las características propias y exclusivas de un dios; o sea, qué es lo que hace a Dios, Dios. Esto es de capital importancia y deriva de la lógica más elemental, dada la gran relevancia que esta creencia tiene para las gentes; de lo contrario, la idea degenera en fanatismo absurdo que raya en la idiotez, y corremos el riesgo de confundirnos y terminar aceptando como dios a un trozo de cagada. Para comenzar, Dios NO es una forma de energía intrínseca o una esencia ligada a todo el Universo, ni una fuerza desconocida, ni un concepto amorfo, pues en ese caso el electromagnetismo, la electricidad, el ultrasonido, la enigmática fuerza de gravedad, el mundo cuántico y hasta un aroma podrían considerarse como divinidades. El concepto de dios implica ineludiblemente la presencia de un ser supremo, autónomo, consciente de sí mismo, con dominio sobre todo lo demás, y que posee ciertas características únicas. Los mismos *"libros sagrados"* de diversas religiones y algunas elaboradas disertaciones sobre ellos, realizadas concienzudamente por prominentes teólogos, nos las establecen. Entre las más básicas y trascendentales están las siguientes: En *primer* lugar, un dios es omnipotente, esto es que todo lo puede; no hay nada que pueda oponerse a su inmenso poder, no hay nada que no pueda realizar. *Segundo*, Dios es omnipresente, que quiere decir que está en todo lugar al mismo tiempo, que se da cuenta de todo lo que sucede, nada se le puede ocultar. En *tercer* lugar, es omnisciente, o sea que todo lo sabe, presente, pasado y lo que ocurrirá en el futuro. No hay nada que ignore. Y, en *cuarto* lugar, es omnibenevolente, o sea que su mayor preocupación es el bienestar de su *Creación*, librarla de todo mal. Estos son atributos intrínsecos de él, lo que significa que nadie más puede tenerlos. Un dios que no cumple con todos estos requisitos, que no posee todas estas cualidades primordiales, simple y sencillamente no es Dios.

Los atributos divinos secundarios, llamados, por cierto, comunicables, porque, por intercesión divina, pueden ser transmitidos al hombre, y que junto con las virtudes teologales deberían ser, en teoría, la aspiración de todos los religiosos habidos y por haber, son la bondad y la misericordia, que en Dios son infinitas. Y aquí surge una situación francamente monstruosa e irrisoria, que nos muestra toda la envergadura de la problemática que entraña nuestra creencia en un dios. Recuerdo un suceso pavoroso de una pequeña bebé que fue secuestrada. Además de lo indignante del caso, tratándose de un ser totalmente indefenso, era devastador ver en la televisión a la madre llorando, suplicando a los plagiarios que le devolvieran a su niña pues no tenía dinero para pagar un rescate, por mínimo que fuera; los secuestradores se habían equivocado de víctima. No es difícil concebir la desesperación, la humildad y el fervor con que esta madre le suplicó a Dios para que le devolviera a su hija sana y salva, que ablandara el corazón de los delincuentes. Pero ni toda su devoción ni sus suplicas pudieron conmover la omnibenevolencia y la infinita misericordia de Dios. La niñita fue encontrada muerta unos días después, la habían asfixiado con una bolsa de plástico y luego quemaron el cuerpecito, arrojándolo en un terreno baldío. La peor pesadilla que un padre pueda jamás imaginar, hecha realidad ante los ojos y la indiferencia de Dios. Y este caso no es el único, hechos similares se cuentan por millones. Por siglos los teólogos más eruditos se han devanado los sesos infructuosamente tratando de justificar lo injustificable; de encontrar una explicación al porqué Dios se hace pendejo ante tanta barbarie. Después de darle vueltas hasta el hartazgo a razonamientos inadmisibles, se dan por vencidos ante lo innegable y terminan siempre esgrimiendo el pobre y nebuloso argumento de que no podemos juzgar sus actos pues "los designios ocultos de Dios son incomprensibles". ¿No se supone que estamos hechos a su imagen y semejanza? Es un auténtico desvarío pretender que Dios, con toda su magnificencia, no tenga el menor concepto de lógica elemental, el mínimo sentido común. Tras este arcaico pretexto, este perverso velo de complicidad, a falta de conclusiones legítimamente válidas, se han ocultado incontables generaciones de malhechores autoproclamados mensajeros celestiales. Basados en la supuesta autoridad de dogmas grotescos e idiotas inventados por ellos mismos, han manipulado a la muchedumbre para mantener sus cotos de poder y justificar masacres y atrocidades. La religión como arma de subyugación y domesticación, que apela a los instintos más básicos del hombre para consolidar su dominio.

Ya analizamos cómo la idea de un dios surgió por la necesidad del alma humana de calmar su desazón, su terror y confusión ante la abrumadora presencia de un Universo inexplicable, inasible. Ésta ayudó al hombre en las primeras etapas de su desarrollo intelectual para encontrar el sosiego y la paz espiritual imprescindibles para su evolución, tal cual una andadera sirve a un bebé para aprender a caminar. Sin embargo, al madurar su intelecto, e igual que una andadera lo sería para un adulto sano, tal concepto se convirtió en un estorbo. Hoy no sólo es obsoleto sino cada vez más nocivo. La historia es testigo de cuantas aberraciones, crueldades y estupideces ha ocasionado la noción de una deidad. Hace ya mucho tiempo que la idea cumplió su cometido, el hombre aprendió a desentrañar su entorno, a caminar; así como se deja en paz a los muertos, es momento de dejarla a un lado. De hecho, aun con el limitado conocimiento que se ha adquirido en los intentos por dilucidar la estructura universal, todo indica que en ella no hay lugar donde ponerlo. ¡El Universo no tiene cabida para dios! Así como el cielo habitado por seres divinos desapareció cuando la ciencia nos llevó más allá de las nubes, así como la tierra dejó de ser el centro del Universo y se hizo redonda, la idea de dios se ha hecho trizas con el conocimiento. Pero lo verdaderamente esencial y trascendental es que no se necesita a dios; es irracional que ese sea el motivo para ser bueno y honesto. Y después de todo, el poder celestial no es para tanto. Como decían los abuelos: "Palo dado, ni dios lo quita".

Durante cientos, miles de años, religiosos, políticos y hasta filósofos han elucubrado que el hombre sin dios se perdería. Los misioneros de la época colonial en América criticaban a los nativos porque al vivir como "salvajes" en la Naturaleza, sin dios ni conciencia, perdían el control cayendo en conductas "diabólicas", como la idolatría o la poligamia, que los llevaban a su perdición. ¡Estas son puras pendejadas! En realidad, es todo lo contrario. La Naturaleza fácilmente suple a dios, y con creces. A diferencia de Dios, la Naturaleza es un ente tangible que despierta nuestros sentidos; que podemos ver, tocar, oler, escuchar, paladear; y que, además de embelesarnos y llenarnos de emociones, nos es útil y bastante predecible, tanto como para confiarle nuestra vida. Al poder percibir su presencia y sentirnos parte de ella, la fascinación de sensaciones y sentimientos sublimes nos arrebata, dándole una profundidad y un sentido inconmensurables a la existencia humana, a pesar de nuestra insignificancia. He aquí lo que ha buscado el verdadero Ser Humano por tiempo inmemorial, el auténtico explorador. No como el alpinista lleno de soberbia que pretende vencer a las montañas e intenta demostrar su supremacía, sino aquel que, desechando sórdidos deseos de competencia, aprovecha la invaluable oportunidad de acercarse a ellas con humildad, para entender su propia pequeñez, para aprender a enfrentar y superar sus miedos, sus complejos, su indolencia. Envolverse con ellas en un diálogo liberador para integrarse a la harmonía de la Naturaleza. Nada como la infinitud del espacio o la inmensidad del mar para calmar nuestro desasosiego. Nada como la quietud del desierto para encontrar la paz, o la fragancia de los bosques y los campos para embriagar nuestro espíritu.

Pero, ¿cuál es el meollo de todo este pinche cuento de entrar en comunión con la Naturaleza? ¿Por qué tanto escándalo? Sencillamente porque al tomar consciencia del papel que juega en la Naturaleza, encuentra el Ser Humano la satisfacción de sus auténticos ideales: El sentido de la vida, la felicidad y la verdadera libertad. No el concepto tonto que tenemos en nuestra civilización, donde llegamos al absurdo de considerarnos libres porque compramos en una tienda en lugar de en otra, o porque consumimos un producto en vez de otro. Estamos hablando de la libertad que permite al alma expandirse, a la mente crear sus propias ideas. El no dejarse arrastrar por dogmatismos, por la publicidad, por las modas; el no quedarse atrapado en la búsqueda de Dios, del Paraíso. La religión fue ideada para controlar a los pusilánimes, que la usan para justificar su servilismo, su desidia, su cobardía, y que en ella encuentran quien se los perdone y les de consuelo. Dios como justificación de la imbecilidad y parapeto de la mediocridad. ¿Qué vamos a hacer sin dios? Simplemente sujetar las riendas de nuestra propia existencia. Tener el valor de tomar decisiones, cumplir con nuestras responsabilidades y aceptar las consecuencias de nuestros actos y errores. Dios y la religión atentan contra la libertad del individuo. La cuestión es que la libertad real trae consigo una multitud de obligaciones con las cuales no queremos lidiar por la simple razón de que te enfrentan contra ti mismo, el peor enemigo posible. Esto, por supuesto, aterra a los mediocres, que necesitan dejar su destino en manos de alguien más, dejarse llevar por la corriente, repartir culpas y esperar que mágicamente un ser superior les resuelva sus problemas. La clásica justificación para aceptar sumisamente una vida miserable porque diosito no ha querido ayudarnos a salir de ella. No queremos pagar el precio, que incluye la disciplina, la templanza, la perseverancia, la entereza, el compromiso. Ya lo intuían los filósofos de antaño: *"Al hombre hay que obligarlo a ser libre"*.

Otro argumento que se esgrime para avalar la creencia en dios es que el hombre tiene una necesidad natural de saber el origen de las cosas y, lógicamente, el tener una respuesta sobre la creación del Universo sería crucial. Pero, por un lado, dada su inconmensurable magnitud y su lejanía en el tiempo, es una pregunta a la que nunca vamos a poder darle una respuesta precisa, y sólo se ha prestado a la fanfarronería y a suposiciones descabelladas, al gusto y a la medida de cada quien. En último caso, ¿qué importancia REAL tendría el saber la respuesta? Esto es tan estúpidamente irracional como pretender que para poder vivir nuestra vida adulta es esencial saber lo que ocurrió en los días de nuestra etapa embrionaria, cuando todavía ni siquiera nacía nuestra consciencia. Lo relevante es que ya estamos aquí y la vida humana es muy corta como para desperdiciarla haciendo conjeturas disparatadas. Esto no contradice la sabiduría del dicho: "Los pueblos que olvidan su historia están condenados a repetirla". Simplemente debemos encarar los problemas humanos reales que efectivamente podemos solucionar, tomando lecciones del pasado; estudiando las prácticas y logros sociales de la antigüedad, documentados o verificables, para aprovechar lo que nos pueda ser útil. ¿De qué nos sirve saber cómo se formó la tierra si ni siquiera hemos aprendido a cuidarla, a no destruirla? Por otro lado, es mentira que el hombre tiene una necesidad innata de saber el origen de las cosas, esa es una cualidad limitada a unos cuantos espíritus perspicaces. Si no lo crees, sólo trata de responder: ¿Cómo funciona un teléfono celular, un automóvil o un refrigerador? ¿Cuándo te ha quitado el sueño el no saberlo? O simplemente, ¿cuándo te has preguntado quién hizo tu televisor, tus zapatos o la ropa que usas? ¿Será porque a lo mejor presentimos que es producto del trabajo de esclavos, y es mejor hacerse el tonto para seguir viviendo nuestro sueño de modernidad? A los mediocres y a los pusilánimes les importa un comino el origen de las cosas. A ellos sólo les interesa el YO en el aquí y ahora; el come, caga y coge; la seguridad, aunque sea amarrados a una yunta.

Una de las consecuencias más graves a que nos ha llevado la noción de Dios es que hemos caído en un hiperhumanismo deforme, pedante e hipócrita, más allá de lo humano, que finalmente nos ha conducido a la deshumanización. Nos empeñamos en considerar como perjudiciales actitudes instintivas como la aversión o la ira, que son atributos naturales con que se proveyó al hombre, y han sido capitales para su defensa y preservación en un mundo agresivo y demandante. Obcecados en destacar nuestra "superioridad" sobre los otros animales, rechazando y despreciando sus supuestas conductas "salvajes", terminamos transformándonos en bestias peores. Queremos deshacernos de tales comportamientos sólo para satisfacer nuestros retorcidos conceptos de bondad y moral fuera de toda realidad, sin evaluar racionalmente su función, y su indudable utilidad. Nada más idiota que la idea de leones y gacelas comportándose como corderos, conviviendo en paz, en lugar de "en harmonía", la harmonía natural del Universo. El encarar la realidad y darnos cuenta de la falsedad de muchos sueños y metas preconcebidos que nos condicionaron a creer, y que quizás satisfacían nuestros ideales más utópicos, no tienen por qué decepcionarnos, deprimirnos, o hacernos perder la alegría de vivir; por el contrario, la verdad nos libera y pone las cosas en su lugar para saber qué esperar, y cómo prepararnos para defendernos. No somos el ombligo del mundo y el hombre no es tan especial como quieren hacernos creer. A pesar de ello, la vida es una aventura maravillosa y las motivaciones para vivirla inagotables. Pero los primeros requisitos para alcanzar la madurez, la sabiduría, y la felicidad que conllevan, son la aceptación de nuestras limitaciones y la comprehensión de la grandiosidad del Universo en que estamos inmersos, y sobre el cual no tenemos ningún control.

Y, haciendo un paréntesis, voy a tomarme la libertad de hacer una conjetura incendiaria, que quizás nos aporte un poco de consuelo al constatar que las inquietudes que hoy nos agobian también laceraron el alma de nuestros antecesores. Quiero suponer que, con tanto abuso publicitario que se ha hecho de ella, todos conocen la imagen de la Creación del Hombre pintada por Miguel Ángel en la bóveda de la Capilla Sixtina. Recuerdo que desde la primera vez que la vi, allá en las alturas, de inmediato llamó mi atención el gran esfuerzo que parece estar haciendo un grupo de ángeles para transportar a Dios Padre. No sólo se me hizo gracioso sino hasta insolente el insinuar que Dios era muy pesado, tanto que se necesitaba una multitud para cargarlo. También me pareció extraño e inexplicable una especie de lienzo púrpura que sirve de fondo al conjunto de Dios con los ángeles, pues parecía no tener función alguna; después de todo, eran los pobres ángeles los que se estaban llevando la chinga. Años más tarde, un dedicado estudioso del tema sugirió que la forma del lienzo representaba un hemisferio cerebral visto desde una perspectiva lateral; incluso identificó las partes anatómicas del mismo, las cuales coincidían con asombrosa precisión. Siendo este pintor un consumado anatomista, las probabilidades de que tal hipótesis sea verdadera son altísimas. Pero, ¿¡un cerebro!? ¿Para qué? Y aquí voy a inferir la diabólica idea de que la imagen de dios, que, muy sospechosamente, queda incluida por completo dentro del "cerebro", representa la noción de que dios sólo está en nuestra imaginación, dentro de nuestra mente, ¡que Dios no existe! Y que la religión ha sido un lastre que han tenido que llevar a cuestas innumerables generaciones, simbolizadas por los voluntariosos ángeles. Conociendo el carácter irreverente y crítico de Miguel Ángel, aunado a la presencia de más imágenes provocadoras en la misma Capilla Sixtina y en algunas otras de sus obras; el fresco de la Creación podría ser una expresión velada de su propio sentir, una subrepticia condena al corrupto y pérfido comportamiento del clero de la época. Basta considerar las circunstancias, era el Renacimiento y la Reforma de Lutero estaba en ciernes. Exaltado por la luz de un nuevo despertar, sería como incrustar una blasfemia, una herejía, justo en el corazón del decrépito imperio eclesiástico. Toda una osadía. No en vano ese tipo sí era un genio.

Como única, esclarecedora y muy elaborada explicación del origen del Cosmos, por siglos y más siglos la iglesia nos ha repetido solemnemente la dogmática frase: "Al principio fue el Verbo". Pero con el tiempo la verdad se ha hecho evidente: Al final todo fue puro verbo; puro pinche cotorreo. Los fundamentos de nuestro proceder deben cimentarse, únicamente, sobre la realidad de la Naturaleza. La existencia de Dios no tiene por qué atraparnos en un dilema ridículo. Enfrascarnos en la estéril controversia de si es real o no, es una absurda pérdida de tiempo preciado, sólo admisible para gente nula, proclives a una vida vana. La pregunta verdaderamente crucial, la que hay que responder, es: ¿Para qué sirve dios? Si su presencia no va a tener una utilidad tangible para el Ser Humano, ¿para qué lo queremos? Un dios que con toda su inagotable bondad no va a intervenir ACTIVAMENTE para ayudarnos a resolver los problemas terrenales, ¿qué función tiene entonces? Dios como idea es lamentable; como ente es despreciable. La concepción de un ser divino que, sabiendo todo de antemano y teniendo todo el poder para solucionar o evitar las cosas, se muestra impasible e indolente ante la guerra, el secuestro, el asesinato y tantas otras perversidades, es tan repugnante y aterradora que, por nuestro propio bien, ¡más nos vale que no exista! Y si dios es real pues qué mejor, para poder blasfemar a gusto. A un dios inútil y cabrón hay que mandarlo a chingar a su madre, ¡aunque exista!

CAPÍTULO III

'Ni Más Pa'llá, Ni Más Pa'cá'

De Vivos y Muertos, ¡puros Cuentos!

¡Todo lo que quiero es una mujer! Gritaba angustiado, con los ojos desorbitados, al borde de la locura, mientras se sacudía violentamente frotándose el pene con sus retorcidas manos para masturbarse. Era un clamor desesperado, desgarrador. Su madre, escandalizada y harta, volteaba la cara para no verlo, y con tono de justificación me decía con voz apagada: *"Mírelo, está mal de la cabeza"*. A sus casi treinta años, la parálisis cerebral que le dejó un mal nacimiento sólo le permitía mover torpemente sus manos deformes y pronunciar de forma grotesca palabras casi ininteligibles. Una mente lastimosamente lúcida en un cuerpo inservible, atado a una silla de ruedas. Y todo lo que yo podía hacer era sedarlo; para evadirlo de este mundo; al cual no pertenecía. La señora ya era grande de edad. En su pretendida conmiseración hiperhumana, y para exonerarse de su terrible incapacidad para entender el sentido

de la vida, y saciar su enorme egoísmo, no se atrevió a dejarlo morir de pequeño, como la Naturaleza muchas veces lo intentó, y condenó a su único hijo a una vida de agonía y sufrimiento inconcebibles. Pero eso fue sólo el principio, cuando ella murió y lo dejó solo, desamparado, convertido en un guiñapo, al pobre se le abrieron las puertas del infierno, aquí en la tierra.

Historias aterradoras como ésta se han repetido constantemente en mi vida profesional. Más frecuentes cuanto más "civilizadas" son las comunidades, cuanto más nos alejamos del sentido humano de la vida. Ninguna profesión como la medicina para brindar a una mente abierta y a un espíritu inquisitivo, la posibilidad de llegar a conocer al hombre; de atestiguar su proceder frente a las situaciones más extremas de la existencia; de escudriñar su comportamiento desde sus facetas más sublimes hasta sus conductas más bestiales y aberrantes. El gran problema actual es que hemos confundido el humanismo con la mojigatería. En vez de ofrecer al enfermo desahuciado una muerte natural de corto plazo, digna y piadosa, que termine rápidamente con su sufrimiento, aprovechamos la coyuntura para satisfacer nuestra mórbida pretensión de poseer una sensibilidad ultra humana. No importa que sólo estemos prolongando el dolor, la agonía, en una grotesca expresión de crueldad, una careta de pseudo humanismo que oculta un egoísmo malvado que se niega a resignarse a la pérdida de un ser querido, no por el bien de esa persona, sino por lo que su muerte implica para nosotros. La excusa que esgrimimos es sarcástica, una burla: "Sería inhumano dejarlo morir sin hacerle nada". En el colmo de nuestra pedantería, nos escandalizamos y condenamos un acto que es mil veces más piadoso: Dejar que la Naturaleza actúe. Si un individuo no es apto para llevar una vida plena, donde pueda soñar, gozar y ser libre, ¿por qué prolongar tan perversamente su suplicio? Si la Naturaleza ya determinó que un ser no está capacitado para la vida, porque no cumple con los requisitos más elementales que ha impuesto, ¿por qué insistir en convertirnos en dioses y tratar de que sobreviva a como dé lugar?

La historia nos brinda un destacable e instructivo ejemplo de conmiseración que nos muestra el camino a seguir: Hace miles de años, la civilización griega no sólo hizo florecer una sociedad que alcanzó la excelencia en la expresión artística e intelectual, sino logró también un notable avance técnico y científico que revolucionó su época; además de desarrollar unos sistemas de leyes y de organización comunitaria tan evolucionados que establecieron los cimientos de una estructura social que se extendió por todo el mundo occidental, y aún hoy en día son un componente básico de nuestra propia sociedad moderna. No obstante, siendo una cultura ligada a la Naturaleza, instituyeron un sistema de selección de sus integrantes que eliminaba sumariamente a los bebés que nacían con deformidades físicas o taras mentales; costumbre que para nuestros "avanzados" valores morales ultra humanos sería inaceptable. A pesar de ello, en ningún momento esta práctica los deshumanizó ni mermó su sensibilidad y capacidad para alcanzar un apogeo como pocas veces ha logrado la humanidad; así de sólidos eran sus principios y los lineamientos en que estaba basada. Y ni siquiera se requiere remontarse en el tiempo. Lo mismo ocurre en muchos grupos indígenas que aún se rigen por las leyes naturales. Cuando un niño nace con alguna discapacidad o deformidad, en cuanto enferma lo dejan que muera. ¿Porque son perversos y están poseídos por el diablo? No, solamente están tratando de sobrevivir.

Muy lejos en el pasado han quedado los anhelos de los primeros investigadores médicos que sólo buscaban mermar el sufrimiento que agobiaba a la humanidad. Con las vacunas, la cirugía y la anestesia, los analgésicos y los antibióticos, se tenían armas más que suficientes para mantener una población sana y estable. Se logró controlar y curar buena parte de las enfermedades, se disminuyó el dolor y se mejoró en gran medida las condiciones de vida, cuya duración tuvo un razonable incremento. El resto eran problemas innatos que nunca debieron haberse dejado avanzar no sólo porque son incurables, sino porque impiden una vida con calidad humana. Pero este avance se estropeo cuando, a tono con nuestra ideología "progresista", la medicina se transformó en negocio. Prevalecieron intereses viciados que conciben la salud y la enfermedad como productos de consumo. El ideal terapéutico de "prevención antes que curación" se ha dejado de lado porque no es rentable. La enfermedad es una fuente inagotable de ganancias, más aún cuando se le agrega el lucrativo comercio de la muerte. Actualmente los objetivos de la "ciencia médica" han cambiado radicalmente; nuestras metas son lo superfluo y lo banal: El verse bonito, el no envejecer, y, si es posible, la inmortalidad. A esto se han agregado las patologías que nosotros mismos hemos ocasionado con tanta tecnología innecesaria y dañina. Aunque los comerciantes de la salud están encantados, con la apertura de innovadores campos de investigación, su fructífero mercado promete jugosos dividendos. Antes la gente moría dignamente en su casa, rodeada de sus seres queridos. Hoy, aislados en ultramodernas unidades hospitalarias, bajo el cuidado de desconocidos, somos mercancía negociable, y se nos reserva una muerte humillante convertidos en piltrafas humanas.

La salud es el elemento clave para mantener funcional el cuerpo, que no es más que un estuche para proteger, albergar y transportar los componentes esenciales del ser humano: La mente y el alma. La salud es el parámetro indispensable con el que la Naturaleza determina quién merece la supervivencia. La enfermedad ya sea de origen natural, de nacimiento o por contagio, o por culpa propia, como reflejo de nuestra estupidez, es el mecanismo para controlar la población y permitir que sólo sobrevivan los mejor adaptados. En la Naturaleza lo inservible se elimina, lo mediocre no tiene cabida. De aquí la obligación que tenemos de conservar la salud, pues es uno de los grandes obsequios que se nos brinda, y no todos tienen la fortuna de recibirlo.

En el desenfreno actual del consumismo, los excesos están a la orden del día. Uno de los problemas más serios que afecta a nuestra sociedad es el sobrepeso. Nunca en la historia había existido tanta manteca inútil. La obesidad es un crimen contra la humanidad. Y no se trata de que la apariencia física sea un atentado contra la estética, aun cuando la vista de un ser deforme y grotesco hace nacer en nosotros de forma instintiva la repugnancia. La gordura es un grave problema de salud que ocasiona estragos en la sociedad por el desgaste económico que implica el tratamiento de sus complicaciones. Eso sin considerar la sobrecarga que significa para el planeta la necesidad de producir mayores recursos para alimentarlos. Pero el punto más crucial y espantoso es que la obesidad es el reflejo de la subcultura del menor esfuerzo, del menor compromiso, de la búsqueda a ultranza de la comodidad. La mentalidad de que todo lo merecemos, aunque no hayamos hecho nada para ganarlo. Hacer del comer un placer monstruoso representa, trágicamente, un fallido intento para huir del vacío interior. Lo que en la Naturaleza estaba destinado para sobrevivir, lo hemos convertido en un vicio.

Y no es el único. Nuestra decadente sociedad está plagada de abusos y comportamientos aberrantes. La degradación espiritual ha deteriorado las relaciones interpersonales y el desarrollo del individuo; estamos hundidos en el despilfarro, la banalidad, la ostentación. Pero no hay manera de soslayar la realidad, y aun cuando la publicidad trate de convencernos de que somos unos genios súper felices, y que no hay nada más que pudiésemos desear, la sofocante mediocridad que nos corroe se hace evidente de forma inevitable. Cuando la oquedad de la mente y el alma extinta afloran, la vida pierde todo sentido y el vacío que nos envuelve se hace, entonces, tangible. Ni el dinero, ni los lujos, ni la fama, ni el materialismo salvaje logran satisfacernos. ¿Han oído hablar de los suicidios de los súper ricos y famosos que lo tienen todo? Realmente no tienen nada. Pero he aquí que vienen al rescate, cual superhéroe de fantasía, las drogas; que además han abierto la gran oportunidad de un lucrativo negocio para los "visionarios empresarios" que saben aprovecharse del infortunio ajeno. El alcohol en primer lugar, que, a pesar de ser tan nocivo y deleznable como cualquier otra droga, nuestra hipocresía lo considera "socialmente aceptable", y los drogadictos que lo consumen pueden pasar como personas respetables; poco importan los graves daños que provoca no sólo al individuo sino a la comunidad. ¿Tienen una idea de cuántas lesiones, mutilaciones y muertes ocasionan los conductores ebrios?

Y de ahí hacia el abismo, usando drogas cada vez más potentes y adictivas para alienarnos hasta convertirnos en bestias, hasta terminar babeando por las calles. Costales llenos de mierda que pretenden que sus debilidades los hacen más humanos. Cobardes que intentan ignorar su culpabilidad en los funestos conflictos que el tráfico de estupefacientes ocasiona en los lugares de producción, donde las pugnas y la muerte destruyen familias enteras. Pero, hay que evadirnos al precio que sea. Una de las justificaciones para utilizar, digamos, la mariguana, es que, siendo una planta, es algo natural que sirve para liberarnos, una bendición de la Naturaleza. Esto es una malévola y perniciosa mentira. En primer lugar, un cuerpo sano posee todas las cualidades que se precisan para ser feliz y libre, no requiere de estimulantes externos. Una nutrición balanceada basta para aguzar los sentidos, que son nuestro único recurso natural para estar en contacto con nuestro entorno y disfrutarlo. Las frutas y verduras, para hablar de vegetales, no tienen punto de comparación con las plantas alucinógenas que, de hecho, son nocivas a la salud, y hasta letales. En segundo lugar, el efecto alucinatorio de los alcaloides en ningún momento es liberador ni nos conduce a un trascendental viaje astral, todo lo contrario, enajena y aprisiona la mente en la irrealidad, limita la percepción abotagando los sentidos con espejismos que nos abisman en un mundo ficticio, y termina por idiotizar al individuo, al minar y destruir gradualmente el cerebro. Pero eso es exactamente lo que busca la persona, fugarse de su espantosa realidad, del sinsentido de una vida hueca que ya no tiene el valor de afrontar. Y todavía tenemos el descaro de culpar al médico que nos receta opioides, para eximirnos de la responsabilidad de adicciones que son consecuencia de nuestro carácter pusilánime y nuestra complacencia con una sociedad decrépita.

Y la lista de prácticas nocivas es interminable, tanto como nuestra degeneración e integración a una civilización enferma y superflua. No es verdad que hay que saberlo todo y experimentarlo todo para entender la vida; hay experiencias nocivas que causan daños irreparables, e incluso nos arrastran a conductas delictivas. Las prácticas sexuales distorsionadas, al igual que las drogas, se han convertido en un paliativo para sobrellevar nuestro cautiverio. Igualmente, de esclavos se nutre la moda de las perforaciones y los tatuajes. Lo que vanamente pretendió ser un símbolo de autonomía e independencia, como muchas otras falsas actitudes liberadoras, se transformó en una marca de domesticación y sometimiento; y un bendito negociazo para los charlatanes. Así tenemos a un mediocre que, dada su carencia de atributos naturales, se marca como ganado, haciendo alarde de su pertenencia a una manada, como única forma de sobresalir. Un tatuaje es un vil testimonio de amaestramiento, de esclavitud, como antaño, que etiqueta a una mente endeble que no puede crear sus propias ideas. Mientras la sociedad moderna se niegue a reconocer que es un intento fallido y que hay que rectificar el camino; en tanto no sea capaz de reenfocar sus valores y dar prioridad a una reconciliación con el mundo natural para encontrar una verdadera motivación existencial, deberá recurrir a la drogadicción y a la auto destrucción para escapar de una existencia pusilánime basada en el consumismo como objetivo estúpido de la vida. Factores causales esenciales han sido el desprecio y el desapego de la familia que han originado su desintegración. Sin el pilar primordial que la sostenía, naufraga irremediablemente. Con hombres nulos e indolentes apareándose con mujeres vanas, supuestamente muy liberadas pero inservibles para forjar un hogar, se condena a las generaciones venideras a un futuro desolador. ¿De qué sirve tanta riqueza material ante tanta pobreza espiritual? No alcanzamos a comprender que la vida humana sólo tiene sentido cuando es útil, y, en primer lugar, útil al ciclo universal de la existencia. Es una ley natural que encontramos por doquier; el sol no sólo nos brinda la belleza de un atardecer, es a la vez fecundo, dador de vida. De ello se desprende que el servir es lo que nos va a dar satisfacción y un significado a nuestra presencia en la tierra. Es esencial alimentar al alma, ¡para que no muera! Los sueños son el mecanismo natural para reposar al cerebro y contrarrestar las presiones. Las drogas, por el contrario, provocan una sobreestimulación que deja exhausta a la mente con tantas alucinaciones. Si tienes necesidad de evadirte, duérmete, para soñar. Lo menos que se debe exigir a alguien es que cuide de su propia vida, que se haga cargo de su propia salud.

Pero no es la primera vez que esto sucede. Siempre que el hombre se aparta de la Naturaleza para, supuestamente, "progresar" impulsado por su "genio irreprimible", termina hundiéndose en los excesos más depravados que finalmente lo llevan a la debacle. El Rey de la Creación está inexorablemente atrapado en un eterno ciclo de imbecilidad. La explicación es muy simple: Debido al olvido del pasado y nuestra arrogancia hemos perdido la perspectiva de la profundidad del tiempo.

Abundan los ignorantes que piensan que el mundo se creó ayer, que el pasado es obsoleto y desechable pues es inaplicable en nuestra "magnificente" civilización moderna. Un vistazo a la historia nos permite darnos cuenta que todo es cíclico, que el avance tecnológico es intrascendente; sean flechas o rifles, el ser humano es el mismo y las situaciones vivenciales inmutables. Lo que hoy estamos viviendo ya ha sido vivido por innumerables generaciones anteriores, y podemos aprender mucho analizando cómo manejaron o resolvieron los problemas en su momento, para mejorar nuestra propia respuesta a los mismos. Es idiota empezar de cero a cada rato. Un par de ejemplos esclarecedores: Se citan como novedad los desconocidos desafíos que enfrentamos con el SIDA, porque antes no existía, o no se detectaba; pero existían la tuberculosis, la sífilis o hasta la fiebre tifoidea, que en aquel entonces eran tan mortales y desconocidas como el SIDA lo es hoy. Nuestra estrecha perspectiva no nos deja percibir que lo trascendente es la reacción del hombre frente a la muerte, que sigue siendo la misma de hace milenios. Y otro aún más elocuente: El desafío del descubrimiento de América fue incomparable, y más relevante para la humanidad, que la llegada misma a la luna. ¡No hay nada nuevo bajo el sol!

Cualquier doctrina que quiera insinuar que somos el centro del Universo es una aberración. Aunque a la escala de nuestra vida pareciera estático, está en una constante evolución, de la cual no somos testigos. No somos el parámetro para medirlo. Nuestra soberbia nos ofusca, nos hemos dado una importancia que no tenemos en la realidad. No somos ni una mota de polvo. Nuestro supuesto progreso, del que tan orgullosos nos sentimos, es en realidad un retroceso, un alejamiento cada vez mayor de la Naturaleza que nos ha hecho perder muchas de las cualidades que teníamos. Obstinarse en alcanzar una meta que no tenga una utilidad posterior es un absurdo, y, sin embargo, ¡esa es la base del consumismo! No sólo vivimos vidas inútiles, sino que hemos perdido la noción de cómo disfrutar de la vida y no convertirnos en autómatas. El caso es que lo que creemos es insustancial, no somos nosotros los que vamos a definir las cosas, es la Naturaleza la que hace miles de años YA las definió. Totalmente opuesto a la imperante tendencia egocentrista, cuanto más te olvidas de ti mismo, cuanto más tratas de hacerte útil a la sociedad en la que vives, más se evidencia el propósito de nuestra efímera existencia. Una pregunta para rematar nuestra insolente altanería: En qué se afectaría al Universo si, en un horrendo cataclismo cósmico, pereciera nuestra "sofisticada cultura"; en la cual la máxima expresión del "progreso" es hacer el mínimo esfuerzo posible. Estar echados frente a un televisor comiendo botanas y drogándose con alcohol; viendo deportes o una sarta de películas tontas que son un verdadero insulto para el intelecto humano. ¿¡Dónde está la gran tragedia si una civilización de cerdos como la actual se extingue!?

Y hablando de muertos, detengámonos un momento para analizar un tema por demás intrigante. Siempre, desde los albores de la humanidad, por incontables generaciones en todas las culturas y civilizaciones del planeta, han sido una constante las narraciones y referencias a la percepción de fuerzas o enigmáticos seres intangibles que pueblan un ignoto ámbito que nos rodea y que, bajo ciertas circunstancias, incursionan en nuestro mundo haciéndose perceptibles, palpables, causándonos gran desasosiego y temor. Fantasmas, los llamaron, a falta de un mejor apelativo, y con ellos surgieron los conceptos del alma errante de los muertos y del más allá. No obstante, la ciencia, al no satisfacerse sus estrictos requerimientos, toma una postura despectiva ante estos relatos, calificándolos como supercherías. Sin embargo, si logramos vencer nuestra soberbia y nos damos la oportunidad de investigarlos con una mente receptiva, podemos encontrar que tienen una causa natural perfectamente comprensible y racional. Es tan sencillo como imaginar la reacción de un cavernícola si lo pusiéramos frente a un televisor. En su ignorancia y no teniendo una explicación lógica, imaginaría que se trata de una visión mágica o diabólica, una brujería de fuera de este mundo; pero nosotros sabemos que es un simple receptor de ondas electromagnéticas que reproduce imágenes y sonidos. Es exactamente lo mismo que nos sucede con estas energías capaces de atravesar paredes, a las que llamamos "espectros", cuya procedencia y forma de actuar desconocemos. Y lo desconocido nos da miedo; más aún si durante milenios hemos acumulado ideas absurdas que nos llenan de terror. ¿Recuerdan a Anubis, a Drácula, al Chupacabras? Lo más ridículo es que después de tantos siglos de ciencia todavía no hemos tenido tiempo para estudiar y descifrar estos fenómenos energéticos que tanto nos han inquietado, y mejor lo hemos desperdiciado inventando armas, ideando técnicas para domesticar nuestro comportamiento o mandando robots a otros planetas. Pero hay un nuevo campo científico prometedor. Los últimos descubrimientos de la intrincada física cuántica, con sus enigmas inescrutables, dejan vislumbrar la posibilidad de la existencia de un espacio pluridimensional que daría cabida a insólitas partículas que parecen estar en dos lugares al mismo tiempo, o bien desaparecer y volver a aparecer de forma espontánea, como desafiando nuestra curiosidad y perspicacia, ¡como si razonaran! Estos extraños hallazgos podrían abrir una nueva senda que nos lleve a desvelar uno de los misterios más antiguos que el ser humano ha enfrentado. Descubrir nuevas e insospechadas formas de energía de las que ni siquiera nos hemos percatado y que podrían ser la clave para revelaciones más trascendentales. Refirámonos al pasado, cuando se descubrieron los rayos X o el ultrasonido, que atraviesan el cuerpo sin que podamos siquiera sentirlos, y se volvieron herramientas indispensables para la medicina moderna. La Naturaleza es absoluta; lo sobrenatural, lo paranormal no existe, todo pertenece a este universo, todo está sujeto a las leyes naturales. El que no hayamos logrado desentrañar y comprender el espacio sideral en toda su dimensión, el que desconozcamos el origen de muchas cosas, no hace válida la invención de fantasías y demonios imbéciles. La tierra es redonda.

No es necesario que haya un dios ni un cielo donde vivamos para toda la eternidad a su lado. Ya estamos en un universo perenne, ¡y ya estamos aquí para siempre! Cuando morimos, nuestras moléculas vuelven a integrarse al ciclo universal para seguir creando vida; otra forma de vida; se hacen parte de otro ser, sea animal, vegetal o mineral; porque las rocas también están vivas, nacen y mueren como nosotros, pero su ritmo de vida es mucho más lento, y su existencia mucho más larga, aunque la brevedad de la nuestra no nos permite percibirlo. Ya lo decía Lavoisier hace más de dos siglos: "La materia no se crea ni se destruye; simplemente, se transforma". Cuando logramos captar esta realidad, nos damos cuenta que, en esencia, ¡la muerte no existe! De este principio, que el hombre antiguo intuía sin lograr precisarlo, nació la idea de la reencarnación, del animismo. No obstante, son estas transformaciones las que nos causan dolor, sobre todo cuando no tenemos la menor idea de lo que está sucediendo, y más aún cuando se trata del fallecimiento de una persona a la que hemos amado entrañablemente; que nos ha acompañado a lo largo de nuestra vida. Llorémosle, pues, para mitigar el dolor de su ausencia, para consolar nuestra tristeza. Pero entendamos que los muertos se quedan para siempre con nosotros, quizás justo a nuestro lado, en un árbol o una flor, acompañándonos. Esparzamos sus restos por el mundo para que sigan dando nueva vida; para que sigan perpetuando el armonioso ciclo del Cosmos. Un ciclo natural que va más allá de dios, una alternancia de creación y destrucción que constituye la esencia misma del Universo.

La muerte no tiene por qué ser algo tan pavoroso, tan insoportable, que llegamos incluso a desearla cuando perdemos a un ser querido. Es indispensable conocer su función y significado para afrontarla, pues es una etapa fundamental e ineludible del ciclo vital, la vida se alimenta de la muerte. Hay que enseñárselo a nuestros hijos como requisito imprescindible para nuestra evolución; aprender a morir es parte de nuestra integración a la Naturaleza. Incluso los aztecas ya tenían una clara noción de ello. Así de espantoso es nuestro retroceso. Finalmente, resulta que es lo más natural y común del Universo. ¡Hasta las estrellas mueren! Es irrisorio querer meterse en una burbuja o congelarse para escapar de ella. El mayor problema a superar es la concepción perversa que nos han inculcado a la fuerza a lo largo de los siglos, exacerbada por el concepto religioso de dios y la inmortalidad. Al pretender ignorar su existencia nos hemos quedado emocionalmente desprotegidos. Nuestra soberbia e ignorancia son el verdadero infierno. La gran ironía es que, más que una calamidad o una enemiga, la muerte es nuestra gran e incomprendida aliada, pues su brutal llegada es una sacudida a nuestro endiosado egocentrismo y arrogancia. El palpar su presencia nos retorna a la realidad, nos hace madurar, nos humaniza, y nos devuelve la humildad, que tanta falta nos hace hoy en día. El encarar esta verdad absoluta nos lleva a tomar consciencia y valorar realmente nuestro fugaz paso por la tierra como humanos; nos alerta que la vida es una oportunidad única, ¡y ay de aquellos que no sepan aprovecharla! Así como se debe respetar la vida, también hay que respetar la muerte. No somos dioses ni somos inmortales. Hay un tiempo de vivir y hay un tiempo de morir. La muerte es, simplemente, el inexpugnable bastión donde se defiende la vida. No hay más pa'llá; no hay más pa'cá…

CAPÍTULO IV

Sí Chucha, ¡Cómo No!

El Abismo de lo Absurdo

Penes y vaginas; al parecer a eso se limita todo. Si tanto lo repiten, ¿a lo mejor es cierto, tú, Panchu? Y es que los medios de "descomunicación" nos lo machacan con tanto ahínco, a cada rato, y mostrando imágenes de voluptuosas putillas posando sensualmente, enseñando las chichis y las nalgas. ¿Querrán, acaso, meternos la idea a güevo? Lo que sí, queda uno tan embotado que termina imaginando que en cualquier momento va a aparecer la Verga Voladora cruzando los cielos; y que el objetivo de la existencia se limita a la vida de las tres C: El Come, Caga y Coge; como los marranos, como en el Paraíso Perdido que muchos todavía añoran. Todo lo demás no tiene valor alguno.

El punto es que hemos dado una importancia enfermiza al sexo, totalmente fuera de su función natural. Para desenmarañar las cosas hagamos un simple ejercicio matemático. Imaginemos que existiera un ser súper sexual como el que la publicidad comercial incesantemente nos presume. El más cogelón de todos los cogelones habidos y por haber; un cabrón que necesite tener coito ocho veces al día. Ahora especulemos que en cada cogida se tarde media hora, efectiva, con el pene erecto metido dentro de la vagina, a dale y dale. Enseguida supongamos que empiece su vida sexual a una edad muy temprana, pongamos a los doce años, pues al menos debe llegar a la edad en la cual, por lo regular, el sistema hormonal se activa; y termine muy tarde, digamos a los ochenta años; pues aún para el más cogelón de los cogelones el deseo sexual también se apaga, o sea el pito se le seca y sólo le sirve para mear, y a veces ya ni siquiera para eso. Finalmente imaginemos que nuestro hipotético superhéroe de la cogida, llamémosle Súper Pitonón, *nomás p'hacer desmadre*, muere a los noventa años de edad. Si hiciéramos un cálculo suponiendo que toda la vida humana durara un solo día, o sea veinticuatro horas, nuestro asombroso superhéroe se pasaría solamente ¡tres horas y dos segundos cogiendo! O sea, muchísimo menos tiempo del que pasaría durmiendo, comiendo o hasta cagando, si lo agarra seguido el "seguidillo", como decía mi abuela. Así de importante es realmente el sexo en nuestras vidas. Ahora, estamos hablando de nuestro hipotético héroe Súper Pitonón; pero para una buena parte de los mortales normales este tiempo se reduciría a una décima parte, o sea a unos dieciocho minutos, y para la inmensa mayoría, aún muchísimo más; ¡y eso contando las masturbadas! Y lo mismo es válido para las mujeres, si bien en ellas el interés por la reproducción se presenta a una edad más temprana porque la disminución del deseo sexual y el término de su vida fértil ocurren más temprano; esto a pesar de las piruetas que pretenden hacer las feministas. En numerosos estudios se ha documentado que en el ser humano el tiempo del coito desde el momento en que el pene entra en la vagina hasta que se produce la eyaculación dura en promedio unos cinco minutos.

Y aquí cabe destacar un hecho muy interesante e instructivo: En el hombre ha desaparecido el Báculo o hueso peneano, presente en algunos primates con los que estamos estrechamente relacionados, y en muchos otros mamíferos, cuya función es la de mantener la erección durante la penetración, e incluso lograr la penetración aun sin erección, para prolongar el coito y aumentar las posibilidades de concepción, ya que, por lo regular, son animales que viven dispersos y las parejas sólo tienen encuentros esporádicos. Se ha conjeturado que, en el hombre, debido al desarrollo de un sistema de apareamiento basado en relaciones más estables con hembras específicas, para asegurar la paternidad de la prole, el cual permite cópulas más frecuentes, pero de menor duración, la existencia de este hueso se hizo obsoleta. Y precisamente este nuevo esquema de vinculación sexual hizo surgir la noción de la virginidad femenina para garantizar la procedencia de los hijos. La mujer se convirtió en el baluarte fundamental para lograr que sólo los mejores elementos del grupo tuvieran descendencia. Por milenios el sistema funcionó para conseguir el avance evolutivo. Hoy, en una sociedad igualitaria y mediocre, tales valores están sujetos al escarnio.

Una vez pasada la edad reproductiva, el impulso sexual aminora gradualmente puesto que ya ha cumplido la función natural asignada. Ésta es la realidad, aunque se alebresten los fantoches que se la quieren dar de muy lascivos. El problema es que existe un gigantesco mercado para explotar uno de los instintos más difíciles de controlar, pues el hombre es de los pocos animales que practica el sexo por placer, como mecanismo natural para mantener la unión de la pareja hasta asegurar la autosuficiencia de los indefensos críos; sin embargo, ha sido el pretexto perfecto para desbocarse. El comercio del sexo se ha convertido en un lucrativo negocio que genera ganancias incuantificables. Se ha creado toda una parafernalia en torno a la función sexual; desde juguetes sexuales y substancias para mejorar el rendimiento, hasta llegar al desvarío de inventar cremas para aclarar las verijas, ¡para que no se vean tan prietas! Todo es cuestión de dinero. De ahí nace, exclusivamente, la perversa pretensión de dar a este instinto el elevado rango que en forma natural no tiene. Y si no lo creen, pregunten a las compañías de condones o de afrodisíacos a cuánto ascienden sus ingresos. Y si aun así no se convencen, pregunten a los pobres rinocerontes, las tortugas, las ballenas, o los gorilas, llevados al borde de la extinción por la sandez de una bola de tarados que buscan un placer distorsionado, más allá de lo natural, y la ambición de un hatajo de cerdos que se aprovechan de ellos. Lógicamente criticarlo es vulgar, moralista, mojigato y todo lo que se les ocurra. Pero el querer enfocar todo desde una perspectiva sexual, corporal, olvidándonos de lo espiritual, es un signo de nuestra bestial decadencia; como en muchas antiguas civilizaciones, hoy muertas. No obstante, se ha tomado como símbolo de "libertad", casi una característica distintiva de los países "avanzados", pese a que no es más que el reflejo de una mente enferma que busca, a cualquier precio, el placer físico inmediato, por más trivial que sea, para llenar el vacío existencial de una vida sin sentido. Las consecuencias de un alma muerta.

Pero comencemos por el principio. ¿Cuál es la función del sexo? La respuesta es categórica: La reproducción de los individuos para preservar la especie. Pero La Naturaleza impone una condición: Sólo los mejores integrantes deben reproducirse para mejorar el legado genético. Ésta es la base de todo. De ahí nos vamos al nivel de sofisticación de las especies. Cada una ha desarrollado los mecanismos de reproducción más favorables para las circunstancias y el entorno en que se desenvuelve. Las más sencillas utilizan procedimientos asexuados para multiplicarse, como una simple división de su propio cuerpo. Conforme se incrementa la complejidad funcional aparecen otros métodos reproductivos como en los seres que tienen en sí ambos componentes sexuales que se compaginan como parte de su fisiología. Hay casos en que especies de diferentes niveles se armonizan para coadyuvar en los mecanismos de reproducción, como las pulgas hembras que, al carecer de un sistema endócrino propio, para activar su aparato reproductor necesitan, forzosamente, aprovechar las hormonas de la sangre de un huésped que sea hembra y esté preñada. Y, por último, llegamos a los mamíferos, clase a la cual pertenecemos, donde la reproducción requiere la intervención de dos individuos de sexos opuestos. Estos son hechos absolutos perfectamente establecidos por la Naturaleza, y no admiten la menor discusión. Por eso, es una necedad pretender que se puede comparar la sexualidad de diferentes especies o, peor, fantasear que pueden ser intercambiables, nada más porque hemos llegado a concebirnos con la capacidad de jugar a ser dioses.

Y ya encarrilados, pasemos a un tema todavía más peliagudo; seguramente veremos chispas. Hoy por hoy se repite hasta el hartazgo como un dogma que el hombre y la mujer son iguales, y que tienen los mismos derechos. ¡El colmo de lo absurdo! La realidad es contundente e irrefutable: Desde el nivel genético, pasando por el físico, el fisiológico, el psicológico, el emocional, el social y hasta el patológico, las diferencias entre hombres y mujeres son abismales, y determinan la función complementaria que a cada uno corresponde realizar para, en conjunto, posibilitar la supervicencia de la especie. Un revelador estudio publicado en una prestigiada revista científica estableció que la diferencia genética entre el chimpancé y el hombre era de ¡uno por ciento! Y, más impactante aún, que la diferencia genética entre el hombre y la mujer, y entre el chimpancé macho y la hembra era de ¡dos por ciento! ¡O sea que la diferencia genética era mayor entre los géneros que entre las especies! No obstante, en estos pomposos tiempos de "Igualdad", pensar lo contrario es un verdadero sacrilegio.

Hagamos un poco de historia. Uno de los secretos mejor guardados de los supuestos movimientos para la emancipación de la mujer es que el feminismo fue iniciado por hombres: Los grandes empresarios de los inicios de la Revolución Industrial. Cuando la producción cobró impulso y la mano de obra escaseo y se encareció, iniciaron una campaña de propaganda para *"la liberación de la mujer"*, la cual tenía el único propósito de sacarla del hogar, donde era *"el Ama de casa"*, para conseguir más esclavos para las fábricas, y así abaratar los precios del trabajo asalariado, y con ello disminuir sus costos, y aumentar sus ganancias. Y ellas se lo creyeron. Hoy tenemos un mundo lleno de obreras *"liberadas"*, trabajando jornadas esclavizantes por salarios ridículos, cuyos hogares son un desastre, y que hasta para ir al baño tienen que pedir permiso. Pero no importa, pese a que lo único que no hayan logrado sea satisfacer sus expectativas más naturales, el progreso industrial sigue viento en popa, y la trampa del feminismo funciona de maravilla. La cruda realidad es que, dado el rol artificial que está desempeñando, la mujer de hoy es sustituible, desechable; ¡hasta un hombre o un robot pueden hacer lo que ella hace! Cada vez se alejan más los tiempos en que desempeñaba un papel crucial e irremplazable para el desarrollo de la sociedad. Fecunda, útil y comprometida para dar y proteger la vida, era, además, aun sin realizar una función maternal, creativa y fructífera; y por más que se quiera negarlo y desprestigiarlo, era el núcleo, el sólido pilar en que se sustentaba la estructura social. Cuando echamos un vistazo a culturas indígenas antiguas, es muy significativo que sus mujeres consideran la idea de la igualdad de género no sólo como aberrante, sino como un insulto. Y hay que ver el importante papel que juegan en su sociedad. Dentro de la distorsionada percepción actual del significado del progreso y la libertad, las grandes aspiraciones femeninas se limitan a ser parte de la modernidad, del "gran avance"; lograr, por ejemplo, el fabuloso sueño de ser una alta ejecutiva, o mejor aún, la dueña de una gran compañía, poco importa que ésta se dedique a llenar de mierda el mundo. A esto se han degradado sus ideales. Unirse al selecto grupo de "destacados empresarios" cuya ambición enfermiza es insaciable; o de presuntos artistas que llaman innovación a lo grotesco; de pseudocientíficos que lejos de promover el conocimiento, la liberación intelectual, nada más sirven de cimiento al consumismo, a la manipulación y la esclavización del individuo, poniéndose al servicio del que tenga con qué comprarlos; y de políticos corruptos y arrogantes, llenos de soberbia y codicia por el poder. Toda una fina colección de gente banal y estéril; seres nefastos, nocivos, inútiles…

Actualmente, la manipulación de la mujer ha llegado a un grado obsceno. Se les obliga a andar a la moda, a pintarrajearse, a perder la vida en una serie de extravagantes rituales de belleza; la explotación de la femineidad es todo un negociazo. Peor aún, la sofisticación de las técnicas de publicidad ha llegado a ser tan sutil, tan afilada, que usando tergiversados argumentos que aparentan ser válidos y razonables, se les ha convencido de que es su propia decisión, que, siendo tan modernas y progresistas, de ellas nació la brillante idea, aun cuando solo se trata de una vulgar domesticación. No en balde los gastos en publicidad de las compañías ascienden a cifras exorbitantes, con un perturbador porcentaje de los comerciales dirigidos a hundirlas en el consumo de bagatelas y nimiedades. Cada vez es más estrecho el rango de emociones que se les permite a las gentes. Es revelador cómo los grupos feministas, que no dudan en vociferar exigiendo todo tipo de derechos y libertades ficticios, ante este vergonzoso atentado contra la verdadera libertad de la mujer guardan un sospechoso silencio cómplice. Una paradoja por de más ridícula, es la crítica que se hace de las mujeres de otros países que se niegan a aceptar la rimbombante ideología moderna y prefieren conservar los antiguos valores de sus culturas. Por ejemplo, el uso del burka en los países musulmanes. Como reflejo de su frustración e incapacidad para entender la mentalidad de mujeres más conectadas con el mundo real, se reprueba hasta el cansancio su conducta y las tildan de sumisas, de anacrónicas, de cerrazón. Hasta las agreden por no ponerse un bikini en la playa. La verdad es que, con las depilaciones, las capas sin fin de maquillaje, el cabello teñido para ocultar las canas, las pestañas muy largas, pero postizas, y muchas otras grotescas imposiciones de la moda, las liberadas mujeres modernas terminan tan irreconocibles, tan cubiertas como con el burka, agravada por la hipócrita fantochada de pretenderse muy libres. Aun cuando están tanto o más manipuladas que las mujeres a las que tanto critican, se defienden fieramente con argumentos que parecen sacados de un comercial de cosméticos, ya saben: "Porque lo valen".

Y precisamente esta frívola y perversa subcultura de veneración de la belleza física, ¡sin importar que sea artificial!, ha provocado desastrosas consecuencias. El culto al cuerpo ha llegado a ser algo obsesivo, una adicción, incluso a expensas de la salud. Lo más lamentable es que son muy contadas las ocasiones en las que la belleza física refleja la belleza espiritual del individuo. Por lo regular, las personas que se dejan arrastrar por esta fantasía son vanas, huecas, arrogantes. A pesar de que su único atributo es una circunstancia fortuita del destino que no les costó ningún esfuerzo obtener, en su delirio pretenden que esto las convierte en personas especiales, superiores al resto de los mortales, por lo cual merecen todos los honores habidos y por haber. El clímax de tal estupidez son los concursos de belleza y las modelos, que denigran a la mujer convirtiéndola en objeto, y no sirven más que para proveer de prostitutas a los adinerados; caras y refinadas si quieren, pero, al fin y al cabo, putas. No es ningún secreto que a muchas no les desagrada lo más mínimo venderse al mejor postor. Lo más trágico es que finalmente la realidad se impone y desenmascara todo maquillaje, toda falsedad. Nuestra insensata búsqueda de una hermosa compañera ideal, aunque sea comprada, nos depara una gran decepción. Como advertían los abuelos: "Lo bonito al rato se les quita; lo pendejo se lo van a llevar a la tumba".

Así, llegamos a la relación de pareja. Aquí es indispensable comenzar definiendo varios conceptos fundamentales para evitar interpretaciones engañosas. Distinto a lo que sostienen los cineastas y otros comerciantes del espectáculo, que solamente tratan de explotar la sensiblería de los incautos para enriquecerse, el amor y el enamoramiento no son lo mismo. Aun cuando se ha querido banalizar al amor, hay un abismo entre ambos; de hecho, son tan totalmente ajenos que no tiene la menor dificultad el diferenciarlos:

El Amor significa la renuncia a sí mismo, la entrega total e incondicional a un ideal, sin pedir ni esperar nada a cambio, ¡PUNTO! Muy pocas personas logran alcanzar esta gracia; sobre todo en nuestra civilización, cada vez más egocentrista y materialista. Se caracteriza por lo siguiente:

1. Es un sentimiento sublime que nace del alma, uno de los pilares que sustentan nuestra identidad humana.

2. Nos da una sensación de paz interior imperturbable, aun frente a las situaciones más extremas, que permite al individuo liberarse y alcanzar una gran harmonía intelectual y espiritual; aclarar su mente para enfocar su energía a ser creativo, a realizar algún proyecto.

3. Nos hace comprender que lo más importante es darse y preocuparse por los demás, incluso antes que de sí mismo. Esto, además de brindarnos un benéfico bienestar, se desparrama a nuestro entorno provocándonos enormes sentimientos de satisfacción y consecución por el trabajo cumplido, que nos lleva a alcanzar la felicidad, esa serena emoción que, al igual que el amor, brota de las profundidades del alma, y con ello, encontrar un sentido a la vida.

4. De lo anterior surge un compromiso lleno de entrega, disciplina y tenacidad, que no sólo dura toda la vida, sino por el cual vale la pena dar la vida.

5. EL AMOR NO SE RECIBE; EL AMOR **ÚNICAMENTE** SE PUEDE DAR. No hay nada más incoherente y absurdo que pedir "ser amado".

El enamoramiento, muy por el contrario:

A. Nace de los instintos, y tiene implícito un fuertísimo componente sexual, pues está ligado a las necesidades más elementales, y no se diferencia mucho del celo estacional de los animales "irracionales", de los que alardeamos estar muy distantes. Su finalidad PRIMORDIAL es la procreación, para asegurar la supervivencia de la especie. ¡PUNTO!

B. Ofusca la mente, anulando el raciocinio, e imposibilita mirar al horizonte. Nos impide concentrarnos para desarrollar nuestras habilidades.

C. Originado en las zonas reflejas del cerebro, perturba fisiológicamente al cuerpo, ocasionando ansiedad, palpitaciones, sudoraciones, ¡y hasta chorrillo!

D. En casos graves, enfermizos, aprisiona al individuo hundiéndolo en la pasión, sin escape posible, llegando a tener consecuencias devastadoras. ¿Han oído hablar de los asesinatos pasionales?

E. Hace a la persona egoísta, anteponiendo su bienestar a todo lo demás. Espiritualmente, no va más allá de brindarnos emociones pasajeras y superficiales como la alegría o su hermano menor, el contento.

Pero abundemos un poco sobre el tema pues es capital dejar bien claro que, pese a que nos ufanamos en llamar "amor" a lo que sentimos por nuestra pareja, y por ello nos pretendemos muy romanticones, sensibles y "amorosos", el enamoramiento que nos arrebata es una simple pasión surgida del instinto sexual y no tiene ABSOLUTAMENTE

NADA que ver con el Amor. Su principal sustento es la atracción física por una persona, a la que nos mantiene unidos el pegamento del placer sexual. La Naturaleza misma le ha asignado una duración de unos tres o cuatro años, que bastan para que la pareja se reproduzca, y los hijos que engendren puedan crecer hasta valerse por sí mismos, pues resulta que el hombre, en una notable diferencia con todos los demás integrantes del reino animal, es quizá el ser que más desvalido e inmaduro está al nacer. El amor y la relación de pareja son INCOMPATIBLES pues ésta tiene como sustento un sentimiento diametralmente opuesto. Si logran capear el temporal, sobrevivir a la etapa del enamoramiento, podrán aspirar a refugiarse en el cariño, esa plácida sensación de sentirse a gusto el uno con el otro. Así de simple se sintetiza todo el arcano e indescifrable misterio en torno a la relación de pareja, que ha ocasionado la desforestación y la contaminación despiadadas de la tierra, para producir libros, películas, y peor aún, canciones y más canciones donde se venera al "Amor", con los que los comerciantes explotan la sensiblería trivial de tanto tarado que, con este disfraz de románticos y conmovidos hasta las lágrimas, se sienten hiperhumanos. Pero a pesar de poetas, filósofos y quijotes, la realidad se hace patente en toda su crudeza. Es muy significativo que en tiempos "antiguos y obsoletos" se tenía la clara convicción de que, con el paso de los años, enfrascados en la rutina y la implacable monotonía del día a día, terminaba por no existir una diferencia sustancial entre la calidad de la relación y la convivencia de un matrimonio "por amor" y uno entre no tan enamorados, e incluso uno forzado por compromisos o conveniencia. Y consideraban ridículo el querer pretender que los primeros eran más felices o más prósperos. Finalmente, la relación de pareja acaba desgastándose por los mismos factores, y los bioquímicos son, inevitablemente, parte esencial de ello. Las hormonas de la "pasión" también se agotan. Por eso, apelando a la sabiduría centenaria, los matrimonios eran arreglados por los padres, que tenían una visión más despejada para proveer a los hijos con un futuro más promisorio.

Aquí nos enfrentamos a una coyuntura crucial de nuestra época. Acostumbrados a exigir derechos, vociferamos con indignación para defender la facultad que tenemos a escoger lo que se nos dé la gana. Sin embargo, olvidamos que para saber escoger primero hay que prepararse y aprender a discernir. El tener la posibilidad de elegir, sin saber elegir, ¡es mil veces peor que no tener la oportunidad de hacerlo! Y en la gran mayoría de los casos acarrea resultados desastrosos. Un ejemplo muy burdo para ilustrar la cuestión: Si de entre el incontable surtido de cámaras fotográficas disponibles quisiéramos escoger una, sin conocer ni entender las características de cada una, para saber cuál sería la más conveniente a nuestras necesidades, las probabilidades de que elijamos una que NO nos sirva son altísimas. El panorama cambia drásticamente si recurrimos a una persona que conozca del tema para pedir su consejo, exponiéndole nuestras necesidades. Esto se aplica a muchos ámbitos de la vida como al establecer metas personales, o la educación de los hijos. Hoy en día, a pesar de la ostentación que hacemos de tener una ideología vanguardista, libre de toda atadura, y con plena madurez para seleccionar a nuestro cónyuge, proliferan con creciente frecuencia las parejas que, con bombo y platillo, se casan enamoradísimas con el "Amor de su Vida", que ellas mismas escogieron, únicamente para, tras el breve período del enamoramiento, terminar divorciándose en muy malos términos, y, en ocasiones, odiándose a muerte por "el resto de sus vidas". Y es que, en nuestra sociedad materialista y superflua, nuestra guía no son los valores espirituales sino la apariencia física y el dinero. Así, nos "enamoramos perdidamente" de una persona físicamente hermosa, a pesar de que, espiritualmente, sea alguien banal, falto de ideales e incapaz de comprometerse. Lógicamente, los resultados son más que predecibles.

Encontramos, también, la clásica pareja de viejos que se jactan de haberse amado toda la vida, y se consideran ejemplo del idílico "Amor Eterno". En realidad, nomás lograron pasar del enamoramiento a la plácida costumbre, y de ahí al miedo primigenio a lo desconocido, al cambio, a abandonar su zona de bienestar; convenientemente ayudados por la disminución del apetito sexual, una vez terminada la etapa reproductiva. Ya sin el instinto sexual acicateándote, y con la madurez emocional y la capacidad intelectual para sopesar las conveniencias, es muchísimo más fácil mantener una relación a largo plazo basada en el agradecimiento, la solidaridad y los recuerdos. Todo ello sin mencionar la influencia y el compromiso que, de haberlos, generan los hijos. Desafortunadamente para los ilusos, nada en la Naturaleza indica que nuestro destino sea la novelesca fantasía de las parejas que viven unidas para siempre, arropadas por el "Amor de su vida". Esta concepción artificial e irracional se urdió como instrumento para controlar y aprovecharse de las masas. Pero no se lo digan a los románticos empedernidos, en peligro y hasta se lanzan de un puente.

Tal es el caso cuando a esta poción "amorosa" se agrega un componente tóxico que embrolla las cosas de manera infernal: El apasionamiento. Éste no es más que el enamoramiento desbocado de alguien incapaz de controlarse a sí mismo, o sea un pinche estúpido. Pero ha sido exacerbado por las novelas románticas y los cuentos de hadas que han creado historias ficticias, y, francamente, idiotas, en que una relación apasionada se congela en el tiempo, al morir uno o ambos protagonistas, quedando el "Amor Eterno" idealizado, e insinuando que una relación de este tipo es lo único que vale la pena como objetivo de la vida. Con toda malicia se omite el razonamiento de que, sencillamente, fue una relación que no tuvo oportunidad de madurar, de tener la evolución natural que, con el tiempo, la rutina, y al aplacarse o extinguirse el fuego de la pasión, la llevaría, quizás, al desamor. Los tórridos romances llenos de pasión por una eternidad son puros embustes malintencionados inventados vilmente por la industria del entretenimiento. Por desgracia, la incapacidad para adaptarse a la realidad es lo que conduce al enamorado desenfrenado al suicidio. Ni modo, un pendejo menos.

Y así, por siglos nos hemos desgastado emocionalmente, buscando sin descanso a nuestra quimérica "media naranja", nuestra "alma gemela". Pero el verdadero desastre arribó cuando este ardiente deseo sumó fuerzas con la religión y se estableció toda una serie de normas y tradiciones de lo que debería ser la conducta y la vida de pareja. Nacieron, entonces, el matrimonio y la monogamia con el supuesto propósito de bridar protección a la mujer y a los hijos, y a la vez controlar nuestros instintos salvajes y nuestras pasiones más desquiciadas. Nuevamente, el problema fue que no se tomó en cuenta a la Naturaleza, y se quiso soslayar el hecho trascendental de que la práctica más natural y común del comportamiento social a lo largo de toda la historia humana fue precisamente la poligamia, o sea la relación de un hombre con varias mujeres, y fue el factor clave que permitió a la especie humana sobrevivir y prosperar sobre la faz de la tierra. Rastreos genéticos han demostrado que, hasta hace unos pocos milenios, toda la descendencia humana provenía de un número limitado de varones. Al cimentar artificialmente la estructura social sobre la endeble base de la monogamia, debido a consideraciones religiosas irracionales o a reglas morales insostenibles, como la presunta influencia de malévolas fuerzas demoníacas, se han originado numerosos conflictos que son realmente irrisorios. Quizás uno de los más espinosos es el de la infidelidad. Los supuestos "expertos" de siempre intentan explicar este proceder en el hombre como un mecanismo psicológico para compensar complejos e inseguridades en su masculinidad. ¡Háganme ustedes el recabrón favor! Insistimos en amoldar la realidad a nuestros prejuicios. El hombre es polígamo por naturaleza, ¡PUNTO! Viviendo en un medio agresivo e inclemente, y provistos de recursos limitados, la estructura social de la poligamia favoreció que pequeños grupos, formados por un hombre y varias mujeres como una sola familia, tuvieran más hijos, y más madres encargadas de su cuidado, sobre todo porque no todas procreaban, aumentando las posibilidades de que algunos de los niños lograran sobrevivir, para contribuir al progreso de la colectividad. Al diluirse los deberes disminuía la zozobra y el temor, y se eficientizaban los resultados. Es una verdadera atrocidad que, por tosca ignorancia y malsano oportunismo, se quiera desconocer el origen instintivo primigenio de este comportamiento que, a pesar de la multitud de leyes que lo han condenado a través de los tiempos, tildándolo de pecaminoso e inmoral, casi inspirado por satanás, se niega a desaparecer, pues deriva de la simple adaptación del ser humano a las reglas de la Naturaleza. Hasta se le ha denigrado calificándolo de "machismo". Desde luego, este planteamiento es anatema pues contradice todos los "grandes avances" que hemos logrado en materia de "igualdad de género", y sus partidarios merecen nada menos que la hoguera. En contrapartida, con una ideología manipulada hasta la incoherencia, como producto de nuestro enclaustramiento en un mundo sintético cada vez más enfermo y degradado, en los países "avanzados" se ha incrementado la infidelidad femenina, cuyos principales argumentos causales son la intolerable "falta de amor" y atenciones de un hombre ególatra, indolente o malvado; o juzgándola como un acto de reivindicación de la ficticia igualdad de derechos que el feminismo radical tanto ha reclamado y considerado como un asunto pendiente de resolver desde hace mucho tiempo. A tono con la ideología de la época, hay toda una generación de personas egocentristas que creen que el mundo está para complacerlos. Tales razonamientos, fundamentados en premisas artificiales sin ningún sustento biológico, han complicado la convivencia de las parejas y están afectando el entramado vital de una sociedad que, además, está en jaque como consecuencia de sus "loables logros tecnológicos" que tantos daños han ocasionado al planeta. Nuestro alejamiento de la Naturaleza nos está pasando la factura.

Y no se trata de tener mujeres sumisas y esclavas, cuya única función sea la reproducción, sino de tener una sociedad SANA, sensata y útil en la Naturaleza. La meta final implica el cuidado y la educación de la descendencia, y la creación de un ambiente propicio para su desarrollo. Cabe destacar una circunstancia muy ostensible: Todos conocemos a la tía solterona a cargo de los abuelos, o a la amante de tal o cual que nunca formó una familia, o el tío que jamás se casó, y vivió para su trabajo. De igual manera que en otras sociedades de mamíferos, donde ciertos machos, por incompetencia, no consiguen compañeras, o algunas hembras no procrean prole, en la sociedad humana hay también muchos individuos que nacen sin las aptitudes para ser padres, y no hablamos de factores orgánicos; por naturaleza, están destinados a desarrollar funciones secundarias. Cuando queremos integrarlos forzadamente al esquema social concebido por nuestra ridícula pretensión de crear una sociedad igualitaria, haciéndolos sentirse obligados a formar una familia, sin que estén dotados para ello, se ocasionan severos trastornos a estas personas y, a la vez, a la comunidad entera. No habíamos mencionado las ventajas de la poligamia, ¿verdad? Es aquí donde los ostentosos y arbitrarios proyectos de progreso social han fallado lastimosamente. Y todo esto no tiene nada que ver con cuestiones morales, religiosas o de derechos. Es la Naturaleza en su más pura expresión. Por desdicha, hasta la ciencia, que hoy en día se ha metido incluso en la cama, y de la cual tanto nos ufanamos como portadora de la verdad, ha puesto su granito de arena para embrollar el orden social natural. Así tenemos reconocidos eruditos quienes, a pesar de saberse bajo los efectos de substancias psicotrópicas, han osado inventar sicodélicas teorías sobre el comportamiento humano, que irrebatiblemente debemos aceptar como verídicas. ¡No señor Freud, está usted totalmente equivocado! Las mujeres no desean tener un pene ni se acomplejan por no tenerlo. De hecho, la mujer también tiene un pene, diminuto, pero al fin y al cabo un pene, el clítoris, que funciona esencialmente bajo el mismo mecanismo fisiológico que el pene masculino. Para su información, señor, también se da la "insólita casualidad" de que a las mujeres les gusta que les metan la verga, para eso las programó la Naturaleza; ¡y lo disfrutan con ganas! Los libros de anatomía lo establecen de forma clara y concisa: La vagina es el vaso ideal para recibir al pene. Esta compatibilidad anatómica facilita la fecundación, proveyendo el mecanismo perfecto para lograr la reproducción de la especie. Y de pasada nos regala un buen orgasmo, si nos dejamos de mitos y aprendemos cómo funcionan en realidad. Y hablando de los pueriles y apocalípticos conflictos de pareja, son pocos los que no pueden resolverse con unos buenos lengüetazos en el clítoris. La vida es efímera. ¡Dejemos de perderla en pendejadas!

Pasemos a un tema más candente. Y para comenzar, por más insensato e increíble que parezca, es necesario aclarar que, por designios irrefutables de la Naturaleza, ¡sólo la mujer se puede embarazar! Únicamente a la mujer se le concedió el atributo de procrear hijos, un papel esencial para la sociedad. Más absurdo aún es el hecho de que muchas feministas consideren esto como una carga a la que injustamente fueron condenadas, y representa un vergonzante símbolo de discriminación sexual. ¡Ya hasta hicimos del embarazo una enfermedad! La cuestión principal es que esto, que antaño se consideraba un privilegio, conlleva una enorme responsabilidad que, hoy, se ha frivolizado y hasta desdeñado, ocasionando serios problemas. Uno de los más descabellados es el aborto intencional como solución a un "descuido". Y aquí no tiene ningún sentido eximirse culpando al hombre, la mujer es la que se embaraza; a ella le corresponde el privilegio y la obligación. Es más, dada la vasta disponibilidad y publicidad que se hace en la actualidad de los métodos anticonceptivos para prevenir embarazos no deseados, ¡ni siquiera debería haber necesidad de él! La eventualidad de salir embarazada por no haber tomado las precauciones necesarias refleja una falta suprema de compromiso y una enorme cobardía ante un deber trascendental. Es aberrante la defensa que hacen las feministas de un supuesto derecho a matar con alevosía a un ser inerme, vulnerable, para corregir una conducta irresponsable, y suponer que los derechos de una mujer indolente son más importantes que los de un ser que ni siquiera pidió ser concebido. En la Naturaleza, es un fracaso como mujer. Se argumenta que ésta es dueña de su cuerpo y puede hacer con él lo que le venga en gana; cierto, como dicen las verduleras, "puede hacer de su culo un papalote", pero no puede disponer de la vida de otro ser. Se han urdido un sinfín de excusas: Que, siendo un embrión, no tiene conciencia; que todavía no le late el corazón; que si va a ser viable o no. Son meros pretextos, falaces y grotescos, para justificar la negligencia y hasta la perversidad. Si matas a una oruga estás matando a una futura mariposa, si matas a un embrión estás matando a una futura persona, así de simple. Ésta no es una cuestión jurídica, filosófica ni política, tampoco tiene que ver con el concepto idiota de pecado que esgrime la religión, ni con censuras morales y puritanas, esto es, sencillamente, un ciclo biológico, una realidad, ¡PUNTO! Si interrumpimos este ciclo en cualquiera de sus etapas, estamos impidiendo el desarrollo del ser al que finalmente va a dar origen. Es como argumentar que podemos matar a un bebé, pero no a un adulto porque, dadas las extremas diferencias corporales, no se trata de la misma clase de ser. O sea que, ¡embrión, niño y anciano no son etapas del mismo individuo! Si vamos a aceptar el aborto de un ser indefenso e inocente como un derecho, ¡de acuerdo! Pero entonces vamos a llamar las cosas por su verdadero nombre y aceptar el asesinato como algo normal; y dejemos de estar quejándonos por tanta violencia que padece nuestra sociedad. Basta de jugar a las víctimas. Maduremos y encaremos las consecuencias de nuestros propios actos.

Y sí, en la Naturaleza, el objetivo final de la relación de pareja es la procreación de hijos aptos y sanos para proseguir el ciclo imperecedero de la vida. La paternidad es la etapa donde nuestras responsabilidades alcanzan su clímax. Si bien, en la Naturaleza, todo progenitor prepara a sus críos para enfrentar el mundo real; nosotros, como especie supuestamente superior, no podemos limitarnos a satisfacer una necesidad animal básica donde únicamente intervienen el instinto y la biología, sino aspirar a tener una existencia más profunda y trascendental, vivida con la mente y el alma. Tener un hijo no sólo para cuidarlo y entrenarlo, sino para instruirlo, guiarlo. ¿Se han preguntado alguna vez por qué los bebés son tan adorables? Sí, una vez más, la supervivencia. Es un simple mecanismo natural para incentivar a los padres a protegerlos, a amarlos. Con su curiosidad, su falta de prejuicios, su buena fe, su facultad para disfrutar de las cosas simples, nos dan la oportunidad de embelesarnos al percibir la fascinación del mundo a través de sus ojos, recorrer otra vez el camino, aprender de nuevo a vivir; y deleitarnos con la experiencia de verlos crecer y transformarse en Seres Humanos. La llegada de un hijo nos brinda la oportunidad de incorporarnos íntimamente al Cosmos, el cual, con ello, nos confiere el honroso cometido de comprometernos con una pequeñísima parte de él mismo; un diminuto engranaje incrustado en su grandiosa y perenne maquinaria, a quien debemos proteger y educar para integrarlo a la sintonía del Universo. No es un objeto de nuestra propiedad destinado a complacer nuestros caprichos y complejos. ¡Los hijos no nos pertenecen!

No obstante, en nuestra deteriorada sociedad, las dificultades comienzan con los padres irresponsables que no motivan a sus hijos a ser mejores, pues ello conlleva la obligación de que ellos también deben procurar ser mejores, y ese es un esfuerzo que no están dispuestos a realizar. Por otro lado, están los hombres que por desidia, ineptitud o cobardía no desempeñan el papel que la Naturaleza les ha asignado como guías y responsables del bienestar de la familia, dejando el desarrollo de los hijos a cargo de la mujer, escudándose tras una cínica máscara de liberalismo ridículo. ¿Recuerdan cómo en la poligamia las personas no aptas para ser padres realizan funciones secundarias? Todo esto ha dado origen a incontables situaciones conflictivas como la de las madres solteras, toda una moda actual, que, al tener niños sin padre, afectan seriamente la prosperidad de los hijos; y no me refiero a la cuestión económica. No hay manera de excluir el papel fundamental que juega la presencia de un padre como timonel dentro de la familia. Pero casi se ha vuelto costumbre el tener hijos como si fueran juguetes; sin sopesar si se poseen los recursos para proveerlos de lo necesario para su bienestar físico, y para darles la oportunidad de tener un desarrollo intelectual y espiritual plenos. Y así vemos a miles de refugiados que, invocando embusteramente los derechos humanos, huyen llevando a cuestas un atajo de niños traídos al mundo sin la menor consideración ni compasión, a sabiendas de que están destinados a la miseria y la explotación. Procrear hijos irracionalmente, peor que animales, sin tener la menor estabilidad económica, familiar o patrimonial, y un mínimo de seguridad, constituye un grave crimen de lesa humanidad, ¡y debe castigarse como tal!

En la ostentosa galería de los magníficos avances logrados para fomentar el respeto a la igualdad de género está la obligación de especificar constantemente el género de los sujetos, so pena de ofender los grandes valores libertarios de nuestra vanguardista civilización moderna, y ser de inmediato tildado de discriminador, misógino y retrógrada. Pero es una aberración en grado superlativo que, para ajustarse a las nuevas normas de comportamiento manipulado, se quite efectividad a una redacción y se trastorne incluso la composición literaria; además de deformar la gramática, para solapar una aterradora ignorancia. Pronto vamos a hablar de la dentista y el dentisto, o de los jóvenes y las jóvenas, ¡y no va a faltar quien tenga la gran creatividad de emplearlas en la poesía! Esta tendencia al abuso del lenguaje como herramienta para evadirnos de nuestros complejos y prejuicios se observa también en la moda del uso de tremendismos para calificar cualquier tontería. Así, la actuación de un pseudo artista puede ser grandiosa, o un vestido de novia, maravilloso, y hasta un edificio puede ser magnificente. Y se nos acabaron las palabras, con que adjetivos vamos a describir un eclipse, una aurora boreal o la vista de una galaxia. Tanta estupidez raya en lo nauseabundo. Pero es pecado mortal herir la susceptibilidad de los "intrépidos" reformistas e innovadores. ¡A mí me vale madres!

Y ya encabronados, vamos a inmiscuimos en otra subversiva controversia. ¡Pinche maña! Reflexionemos un poco sobre la homosexualidad. Lo primero que se hace evidente son las abrumadoras campañas de publicidad para persuadir, e inducir la tolerancia de este proceder con la pretensión de que sea considerado algo normal y digno de condescendencia. El derroche inusitado de recursos, la vasta difusión, ostensible o subrepticia, y el pertinaz planteamiento de que su rechazo es un agravio prejuicioso, dejan entrever un obscuro patrocinio que parece responder a retorcidos intereses, con la intención de socavar los cimientos de la sociedad humana. No es algo natural ni espontáneo. Las malas lenguas elucubran que es un plan maquiavélico para disminuir la población mundial, en la lógica de que pito contra pito o vulva contra vulva, no va a pasar de una buena restregada, sin procrear nada. En la facultad de medicina lo estudiamos objetivamente como una de las desviaciones de la conducta sexual. Sin embargo, lo que entonces era algo perfectamente establecido, se ha convertido en un verdadero desbarajuste al pretender que todos estos comportamientos son expresiones de libertad, y deben ser considerados como "preferencias sexuales naturales". Para respaldarla, se arguye que no se ha encontrado ningún defecto en el cerebro o algún daño genético. Pero tampoco existe el gen de la homosexualidad, para tener un sustento real. Como comparación esclarecedora consideremos el caso de los pacientes con epilepsia. De acuerdo con las estadísticas, en el noventa y ocho por ciento de los casos se diagnostica como idiopática, lo que en palabras llanas quiere decir que se desconocen sus causas. O sea que, a pesar de todos los estudios que se le realizan al enfermo, no se localiza ningún factor desencadenante, ni rastro alguno de daños o defectos en su cerebro; y, sin embargo, aun cuando el paciente debiera clasificarse como sano, no podemos suspender el tratamiento, ¡pues VOLVERÍA A CONVULSIONAR! ¡Y las convulsiones no pueden considerarse como algo normal! Necesita el medicamento de por vida para controlar las crisis o se va a ir deteriorando progresivamente con cada una de ellas, hasta llegar al retraso mental o, en casos graves, a la muerte. Pese a que su cerebro parece estar completamente saludable, ¡la persona está enferma! Es exactamente el mismo caso de un homosexual; aunque los políticos y los súper liberales de pacotilla se paren de cabeza.

Lo relevante es que el trastorno conductual del homosexualismo no se limita a una perturbada preferencia por los individuos del mismo sexo. A lo largo de la historia se ha caracterizado por un temperamento volátil donde el sexo tiene un papel preponderante. Padece también una labilidad emocional extrema, siendo susceptible a los excesos como la farmacodependencia. Se distingue además por conductas depravadas como el travestismo, que llega a grados grotescos, una vida sórdida, en ocasiones llena de vicios, y una falta de control que desemboca en la violencia y el apasionamiento patológico. Los crímenes pasionales entre homosexuales se cuentan entre los más sanguinarios. Pero el homosexualismo no es el único caso de perversión de la conducta sexual, hay enfermos sexuales que prefieren tener sexo con animales, con cadáveres, y los voyeuristas que hasta le buscan los amantes a su pareja, para espiarla cuando tiene relaciones sexuales con otro, porque solo así logran experimentar el placer sexual. Y están también los pederastas, la mayoría de los cuales, por más que se insista en negarlo o ignorarlo, son en primer lugar homosexuales, pero cuya preferencia es por menores de edad, llegando, en casos verdaderamente aberrantes, hasta querer tener sexo con bebés. Pese a que, en nuestro supuesto liberalismo vanguardista, queremos pretender que todas estas actitudes enfermizas son expresiones de sexualidad natural y deben ser respetadas, la realidad es que son personas que nacieron con trastornos mentales que los llevan a conductas patológicas inaceptables. Su cerebro nació con un trastorno funcional, ¡está enfermo! Estos padecimientos son comparables a los de personas que nacieron con labio leporino, o sin un brazo o sin una oreja, o incluso con el síndrome de Down. Todo debido a anomalías congénitas, aunque la ciencia actual todavía no nos permita establecer con precisión la causa y el sitio de dicha alteración. Si algún derecho tienen estos enfermos, como cualquier otro enfermo, es a tener acceso a un tratamiento adecuado, y si bien no es posible curarlos, al menos tratar de paliar su problema innato en la medida de lo posible, para ayudarlos a sobrellevarlo; algo así como proveer de una prótesis a un amputado. Pero es absurdo exigir que, por ejemplo, pacientes con sífilis, tuberculosis o SIDA tengan la libertad de esparcir su enfermedad y perjudicar a la sociedad con el pretexto de que también están en su derecho. Un antiguo proverbio dice muy a propósito: "La única dictadura que los pueblos aceptan es la dictadura sanitaria". Es, absolutamente, la misma situación de los trastornos mentales con afectación de la conducta, como la esquizofrenia o el homosexualismo. Por más que queramos refutarlo, son condiciones patológicas congénitas que afectan sus capacidades afectivas y deben ser consideradas como lo que son: Una verdadera tragedia; pues van a limitar al individuo para disfrutar de una vida plena, y van a repercutir en sus expectativas de ser feliz. No son atributos especiales ni mucho menos es una condición de la cual deba hacerse una apología, y premiarla con derechos exclusivos, o más aún, ¡considerarla como un nuevo género! Hasta dónde ha llegado la mentalidad retorcida de una sociedad enferma y decadente que es incapaz de enfrentar la realidad. Bajo la lógica más elemental, ¿por qué vamos a considerar a unos trastornos de la conducta sexual como "preferencias sexuales" y a otros los vamos a satanizar y castigar como criminales y depravados? Si, en su mente trastornada, para un pederasta homosexual, el sexo con niños, o para un violador, el sexo con violencia, son su concepción "correcta" de lo que es tener relaciones sexuales; ¿no tienen también el derecho a que respetemos sus "preferencias", y los consideremos como una "categoría" aparte? ¡Cómo nos gusta hacernos pendejos!

El repudio natural de las sociedades hacia estos individuos no tiene nada que ver con prejuicios ni influencias demoníacas, como la agobiante propaganda intenta hacernos creer. Situémonos de nuevo en la realidad. Si viéramos venir hacia nosotros un ser deforme, descomunal o extraño, hablemos de una enorme bestia peluda o de un mítico cíclope, ese pinche grandulón con un solo ojo en la frente, antes de poder siquiera reflexionarlo, nuestros instintos despertarían de inmediato una respuesta IRREPRIMIBLE de defensa, de rechazo; huir o luchar para enfrentar un peligro potencial. Este incontrolable reflejo es uno de los recursos básicos con que la Naturaleza nos proveyó para protegernos de lo desconocido y poder sobrevivir. ¿Un testimonio irrebatible? Evita el reflejo de cerrar los ojos y protegerte con las manos cuando te lanzan un objeto a la cara. La aversión a comportamientos que se juzgan como depravados no es una cuestión de intolerancia ni moralidad, es únicamente una expresión del instinto de conservación más fundamental con el que las comunidades se protegen a sí mismas de conductas percibidas como perniciosas, pues las uniones homosexuales serían estériles y acabarían con la especie. Así de sencillo. Es una ley natural de supervivencia. El homosexualismo es simplemente una enfermedad, producto de un defecto funcional congénito y sus consiguientes trastornos fisiológicos. La sabiduría popular de la gente de los pueblos apartados donde aún se goza de un aguzado sentido común, lo expresa de forma muy sencilla y categórica, con un dejo de compasión: "Ese pobre nació con los cables torcidos". Como golpe devastador para nuestra pretenciosa soberbia, este indiscutible ejemplo atestigua la fragilidad de la súper poderosa mente humana, que casi consideramos divina. Resulta revelador y dramático el hecho de que un simple cambio en la bioquímica del cerebro puede ocasionarle trastornos catastróficos; la sola falta de una substancia insignificante puede convertir al Rey de la Creación en un imbécil. A lo largo de la historia, son muy pocos los enfermos con trastornos mentales que han logrado destacarse, y su vida ha sido una trágica lucha sin tregua contra sus adversas condiciones de salud, de las cuales tomaron consciencia y se esforzaron en sobreponerse, no las consideraron una cualidad de la que había que vanagloriarse. No se trata de tolerancia, se trata de tener las agallas para enfrentar la realidad.

Hipócritamente nos gusta alardear de ser una civilización súper tolerante y compasiva. Sin embargo, las funestas consecuencias de nuestra artificiosa y convenenciera magnanimidad se ilustran perfectamente con el desastroso caso de los clubes de diabéticos. Fundados para motivar la solidaridad y el apoyo emocional entre estos enfermos, para sobrellevar su padecimiento, promovieron la convivencia que fomentó la formación de parejas con el mismo defecto genético, incrementando sustancialmente la posibilidad de que los hijos de estos matrimonios desarrollaran la diabetes. Como resultado de una intervención precipitada y negligente se condenó a las generaciones venideras a padecer la enfermedad. Más grotesca aún es la temeraria apuesta de abrir la posibilidad de que los homosexuales puedan adoptar niños para satisfacer sus necesidades emocionales, como si fueran marionetas en oferta. Invocando privilegios fraudulentos instituidos por nuestro patético hiperhumanismo, se pretende otorgarles un derecho para el cual la Naturaleza ya determinó su incompetencia. Aquí es capital precisar que el homosexual nace, no se hace; es un trastorno innato. El problema es que, con la manipulación masiva, la homosexualidad se ha convertido en una moda a la que hay que sumarse sin importar las consecuencias. La vanguardista novedad es que, hoy, a cualquier edad se les puede meter lo puto, y ya hay hordas de ellos. El pseudo homosexualismo no tiene nada que ver con una alteración congénita sino con un trastorno del alma, producto de una vida desquiciada en la "Artificialeza", como la llamaba mi padre; el flamante mundo de cemento, plástico y contaminantes, donde se pudren las enajenadas muchedumbres anónimas, que ha trastocado profundamente nuestro Ser. Este adoctrinamiento morboso es, ni más ni menos, lo mismo que los lleva a tatuarse, raparse o teñirse las greñas de colores, volverse darketo, zombi o vampiro, etcétera, etcétera, etcétera. Y eso que no hemos hablado de los LGBTTTIQ y menos aún de los WXYZ. La mesa está puesta para la domesticación de los imbéciles. Antaño los abuelos decían que cada cabeza era un mundo; eran, entonces, tiempos en los que el mundo tenía cabeza. Hoy todos se visten igual, actúan igual y se degradan igual. Si un tonto se tiñe los pelos de verde, siempre habrá un hatajo de idiotas que lo siga para, así, sentirse libres. ¡Para emanciparse de las ataduras sociales! Coincidencias tan abrumadoras son solamente el triste reflejo de un espantoso y grotesco amaestramiento. Y para aquellos fantoches que se las dan de muy tolerantes y liberales, una reflexión: Si tanto apoyamos las "demostraciones naturales", por qué no dejar simplemente que la Naturaleza actúe y permitir que sobreviva el virus del ébola, por ejemplo, o la peste que en un solo mes llegó a matar a treinta millones de cabrones, ayudando a controlar la población y dando un sano respiro al pobre planeta. O bien tolerar el canibalismo, que es otro mecanismo natural de control poblacional que disminuye la presión humana sobre los recursos del medio ambiente. De todos esos liberales que son adalides de la tolerancia, ¿cuántos se apuntan para hacer ley, las leyes naturales?

La muy cacareada tesis de que el sexo es la fuerza que mueve al mundo es una gran mentira. Basta revisar un poquito la historia para darnos cuenta de que, por ejemplo, Pasteur, Beethoven, Einstein y tantos otros personajes que hicieron las grandes aportaciones que han transformado a la humanidad, en ese momento creativo lo único en lo que no estaban pensando era en el sexo. Así que la próxima vez que un tarado te salga con ese cuento bobo, no lo tomes tan en serio; ten la seguridad de que sólo quiere verte la cara de pendejo para venderte algo. En conclusión: ¡Lo que es diferente no es igual, y ser diferente no es ser inferior! Qué irracional que haya necesidad de definir y dilucidar una realidad tan contundente; es espeluznante el grado al que hemos perdido el sentido común más básico. Es esencial decir las cosas como son, sin tomar en cuenta consideraciones políticas y modas sociales idiotas; hombres y mujeres no son iguales, ni mucho menos tienen los mismos derechos. La Naturaleza ya estableció, fehacientemente, las diferencias y el papel complementario que cada cual desempeña en la sociedad. Esto no es una cuestión ideológica, es un hecho real. La sola pretensión de querer rebatirlo es ya una necedad. Usando el razonamiento más primordial, hay que cuestionarnos: Si ambos sexos debieran ser iguales y tener las mismas funciones, ¡¿entonces para qué existen dos sexos!?

Que la sexualidad lo es todo en la vida; que debe haber "igualdad de género"; que el homosexualismo es una "preferencia sexual"; sí chucha, ¡cómo no! ¿Y tu paleta de qué la quieres?

CAPÍTULO V

Bríncale Chango, Bríncale, ¡Porque Te Enjaulan!

El Sinuoso Camino de la Bestia Bebé

Comer, cagar y dormir; nomás a eso se dedicaba. Pasaba la mayor parte del día durmiendo, descansando, guardando energías para poder hacer su cotidiano alboroto nocturno. Ya en la negrura, enajenados por sus incesantes gritos desgarradores, estuvimos a punto de convertirnos en zombis. Pero cuando todo parecía perdido, las cosas cambiaron inesperadamente. Poco a poco se fue adentrando en la realidad, el sueño tomó su ritmo y el hambre su lugar; hasta empezó a zurrar cuando debía. Hay fuertes evidencias científicas de que, durante los primeros tres meses de vida, el bebé cree que todavía está dentro del vientre materno. Y es precisamente de este desfase con la realidad que surgen tantos problemas "sobrevivenciales"; ya desde entonces comienza el desmadre. Ahora ha crecido un poco, aprende jugando, se divierte agarrando a chingazos a cualquier cosa que se le atraviese; empieza a correr, a curiosear. Sin embargo, es inútil intentar hacerle razonar o comprender una negativa, es más terco que una mula; quiere hacer lo que le da su gana. Ciertamente sería vano tratar de conversar con él de filosofía, de ciencia, de arte. Va a pasar muchísimo tiempo antes de que pueda yo siquiera intentarlo. En las primeras etapas de la existencia la prioridad es aprender a sobrevivir. Ya pasó la primera fase de su vida como cualquier cachorro. Actualmente está en el come, caga y juega, que va a acrecentar sus capacidades físicas, para la lucha por la subsistencia. A sus cinco años, empiezan a aparecer los primeros bosquejos de un despegue intelectual, está adiestrando sus alas para volar. Todavía le falta pasar por el come, caga y coge; la vida de las tres C, que gira en torno al instinto de la reproducción. La última etapa animal de nuestro desarrollo, que la inmensa mayoría no va a superar jamás. Pero confiemos en que, finalmente, él logre alcanzar el nivel humano del explora, siente y piensa. Hay que tener paciencia. Ya vendrá el tiempo en que se percate del Universo, que su espíritu madure, despierte; quizás cuando pase la adolescencia; con suerte, al cumplir los diez; ojalá esté yo vivo entonces; y le voy a hablar de la mente y del alma, de la Naturaleza y del sentido de la vida, de la muerte. Por ahora, sólo hay que amarlo...

¡No nacemos humanos! Qué verdad tan contundente e irrefutable. Basta dedicar un poco de tiempo a estudiar el comportamiento de nuestros hijos, de los niños, para comprenderlo. Al nacer no somos más que animales, como cualquier otro de los que habitan el globo terrestre. Nuestra conducta nos delata rotundamente. Pero nos estamos adelantando. Así como hubo que aclarar la idea de dios, es imprescindible definir con precisión: ¿Qué es un Ser Humano, o qué es lo que nos hace humanos? ¿Cómo es el hombre al natural, antes de que se le manipule, o domestique? Tenemos milenios postergando cobardemente esta obligación primordial para no confrontar nuestras ideas preconcebidas, nuestros traumas, nuestra mediocridad. Para evitar comprometernos, esgrimimos sin fundamento alguno la presunción idiota de que todos nacemos siendo seres humanos. Mas la realidad contradice de forma inequívoca nuestras optimistas conclusiones; peor aún, demuestra que nuestro desarrollo intelectual se ha estancado. Pero para resolver un problema, es indispensable, primeramente, reconocer que el problema existe.

Y comenzamos de nuevo, ¿en qué podemos basar nuestro juicio para establecer los parámetros definitorios? ¿En la religión?, con los estragos que ha ocasionado, y la inutilidad que ha demostrado a lo largo de los siglos; siempre cambiante y maleable según las épocas y los gustos. Y en último caso, ¿cuál de ellas, que no esté corrompida para favorecer los retorcidos deseos de sus dirigentes? ¿En la filosofía? ¿Con los complejos y prejuicios que agobian al hombre; con los miedos, vanidades e incapacidades que ofuscan nuestro entendimiento? Ya han hecho demasiado daño los estrechos alcances de tantas divagaciones baratas como para creer que van a alumbrar el camino. ¿En la ciencia? Enfocada en la domesticación del hombre y a procurar el beneficio económico del mejor postor. Hasta los narcotraficantes tienen científicos a su servicio para crear nuevas drogas más potentes y adictivas. Y ni qué decir de los "eminentes científicos" que trabajan para los fabricantes de armas. La única posibilidad real que nos queda es volver a nuestras raíces, a la Naturaleza; tangible, auténtica, constante, cuya validez es perenne y universal; y no está condicionada al arbitrio de políticos podridos, de modas imbéciles o de redentores pendejos. Para definirnos y encontrar una solución a nuestros conflictos existenciales, debemos leer el libro de la Naturaleza, y hacer a un lado el del hombre.

Así, la pregunta capital es: En la Naturaleza, ¿qué diferencia al ser humano de los demás seres que conforman el reino animal? La respuesta es categórica y muy simple, dos "pequeñísimos" atributos: La mente y el alma. ¡Nada más! Son lo único que nos separa de las bestias; y nos permiten definir con absoluta e irrefutable precisión qué es un Ser Humano: Alguien con la necesidad imperiosa de usar su intelecto y su sensibilidad tanto como el respirar y más que el comer. Para calmar su desasosiego y sus ansias de encontrar un sentido a su existencia, le son imprescindibles la reflexión, el entendimiento y el conocimiento; pero igualmente las emociones, los anhelos, los ideales y, sobre todo, la libertad y la comunión con la Naturaleza, como principio y fin. Aquí, más que nunca, adquiere importancia la milenaria y trascendental frase: *La conciencia determina el ser*. La condición humana se alcanza, únicamente, al tomar conciencia de sí mismo y de nuestra relación con el Universo. El punto clave es que, al nacer, estas cualidades están latentes, inmaduras, inacabadas, y en muchos casos, por desgracia, ausentes; al inicio no son funcionales, como sí lo son el corazón o los pulmones. Tenemos el potencial innato, pero no se va a desarrollar por sí solo, es indispensable cultivarlo; algo así como aprender a caminar. Conforme nuestras facultades intelectuales y espirituales se perfeccionan ascendemos en la escala de conciencia hasta alcanzar la categoría humana. La capacidad de discernimiento propiamente humana sólo se desarrolla en la última etapa de la evolución del intelecto. Y éste debe ser nuestro propósito de vida, procurar el desarrollo espiritual y mental por encima del físico, para aprovechar al máximo las aptitudes distintivas con que la Naturaleza nos dotó. Si no las utilizamos nos estamos condenando a una existencia animal. Nuestra obsesión por el progreso y el avance científico nos ha hecho creer que podemos darnos el lujo de perder nuestras cualidades naturales, y sustituirlas con tecnología, pero eso sólo nos ha alejado de nuestra condición humana. El Homo Faber que, atrapado en un mundo artificial, termina convirtiéndose en un ser artificial, no humano.

De lo anterior se deriva que tenemos la posibilidad de vivir de tres maneras:

1. Corporalmente: Satisfaciendo sólo las necesidades físicas; el come, caga y coge. O sea, igual que lo hace un cerdo.
2. Mentalmente: Considerando fría y maquinalmente las situaciones como si fuéramos robots.
3. Espiritualmente: Acrecentando nuestras sensaciones y emociones. Expandiendo el alma.

Si logramos compaginar estas dos últimas, nuestro horizonte se ensancha de manera formidable. ¡Es fundamental precisar que la inteligencia por sí sola no basta!, por la simple lógica de los factores esenciales que constituyen al ser humano; es indispensable también una buena dosis de sentido común, de sensatez, pero ante todo se requiere de una gran madurez emocional, lo que hoy petulantemente se llama "inteligencia emocional", que condiciona la autosuficiencia para controlar nuestro proceder, planificar nuestras acciones, resolver dificultades y relacionarnos con nuestro entorno. De aquí que resultan estúpidos los pretenciosos exámenes para evaluar el "coeficiente intelectual", porque, en lugar de proporcionar una verdadera valoración del desempeño de una persona, sólo han servido de pretexto para que una bola de imbéciles se sienta superior. Se puede ser el más inteligente de todos, pero si no se aprende a utilizar adecuadamente tal aptitud no se va a pasar de ser un mediocre o, en el peor de los casos, un criminal que sólo usa sus habilidades para hacer daño a los demás. Así, tenemos a un grupo de obesos mórbidos que se consideran genios porque tienen un alto IQ y destacan jugando al ajedrez, pero no sirven para nada más, ni siquiera para cuidar de su propio cuerpo; o a una persona capaz de hacer cálculos asombrosos usando sólo la mente, pero con un serio trastorno emocional que la incapacita para llevar una relación social satisfactoria. Es importante puntualizar que el sentido común es simplemente el uso del razonamiento más primario para discernir y evaluar las circunstancias en que nos desenvolvemos; y es muy notable que las reacciones de diversos individuos, aun viviendo en lugares aislados o en épocas diferentes, son muy similares si no es que idénticas; esto se debe a que se originan en las regiones instintivas intrínsecas del Ser, en las zonas vitales del cerebro humano donde están guardados los reflejos más primigenios, que son comunes a todos, ¡justo por eso se le llama sentido común! Es por lo tanto un arma de defensa fundamental para poder sobrevivir. No está sujeto a disertaciones filosóficas ni al libre albedrío de cada quien. No proviene de costumbres ni de lineamientos sociales estereotipados como perversamente se le ha querido desacreditar. Muy al contrario, son precisamente estos los que han ocasionado su deterioro. Conforme las sociedades se han ido "civilizando", se han implantado conductas artificiales para "favorecer la convivencia social", que al alejarnos de nuestro origen natural han anulado nuestros instintos más elementales. El mediocre necesita de leyes que le indiquen el camino y le forjen un destino porque él no tiene capacidad para ser libre e inventarse uno propio. Con la manipulación del individuo alcanzando extremos abominables, sin que oponga la menor resistencia a la descerebración, se ha condicionado una distorsionada percepción del deber que obliga al individuo al seguimiento de leyes estúpidas, anulando la sensatez y la dignidad más básicas. Hoy por hoy, es el menos común de los sentidos; y su muerte cercana es aterradoramente patente. Dos claros ejemplos: ¿Han visto las hordas de gente arrecholadas como ganado en los cruces de esquina porque el semáforo peatonal les marca el ALTO? Y aunque no venga ningún vehículo por las calles, ni siquiera a la distancia, ¡nadie osa desobedecerlo! Más aberrante aún, el soldado que es capaz de cometer atrocidades sólo porque recibió la orden de hacerlas. Alguien que permite que lo mangoneen de una forma tan grotesca, no alcanza la categoría de Ser Humano.

Es indispensable comprender que el cerebro es la infraestructura sobre la cual se asientan los dos pilares esenciales cuyas funciones determinan la identidad humana: La mente, donde tiene lugar la actividad intelectual, y el alma o espíritu, donde se efectúan los procesos emocionales. ¿Qué fomenta el desarrollo intelectual? Uno de los elementos más cruciales ha sido el lenguaje, que, en absoluto, no surgió de la nada ni está hecho al azar y sin sentido. Al igual que la ciencia, nació de una interpretación lógica de la realidad, por la necesidad de expresar y transmitir ideas precisas; no se trataba sólo de decir palabras a lo idiota, como lo hacemos hoy en día. Fue esencialmente una herramienta de comunicación para permitir la supervivencia. Por si lo hemos olvidado, para el hombre primitivo, mantenerse vivo era su preocupación primordial. Sin embargo, con el tiempo tuvo una función muchísimo más trascendental: Al posibilitar la generación y coordinación de ideas, dio origen a la evolución del cerebro. Cuando se activa el pensamiento, se desencadenan mecanismos que crean nuevas conexiones neuronales que lo facultan para elaborar conceptos cada vez más complejos. Conforme el lenguaje se hizo más amplio y sofisticado para describir un mundo a cada momento más vasto, se incrementó la capacidad mental, creando nociones más intrincadas y la consecuente necesidad de expresarlas, en un círculo virtuoso que impulsó aún más el crecimiento intelectual; hasta llegar al pensamiento abstracto, que es la máxima función que desempeña el raciocinio humano. Uno de los grandes desafíos que favorece particularmente este avance es el aprendizaje de otro idioma, que no sólo incrementa su acervo de nuevas palabras, sino, al tener acceso a la mentalidad de otras sociedades, enfrenta al individuo a otra concepción del mundo, a otra perspectiva desde donde interpretarlo, a otra forma de expresar las ideas, haciendo que su propio universo se expanda. Es por ello que la pretensión de muchos países de establecer una lengua oficial única es un grave atentado contra el intelecto de sus propios ciudadanos. La consecuencia más calamitosa de no fomentar el perfeccionamiento del lenguaje es que las personas no logran desarrollar la capacidad para definir sus propias ideas, ni expresar sus pensamientos, y menos aún sus sentimientos. Los más despistados tratan de impresionar utilizando frases rebuscadas, sin articular ideas concretas. Un léxico limitado genera mentes limitadas. De ahí también lo preocupante de la tecnología actual, que, en aras de una eficiencia tergiversada y una lucha irracional contra el tiempo, trata de "simplificar" cada vez más el idioma, ¡para comunicarnos mejor! Estudios científicos muestran que hoy en día los jóvenes utilizan sólo cuarenta palabras, la mayoría de ellas distorsionadas, para comunicarse entre ellos. A esto se agrega el uso de abreviaciones arbitrarias y omisiones en los mensajes de texto. ¿Han visto, de pura casualidad, las graciosas caritas de los apendejadores e-mojis? Siendo el lenguaje uno de los principales mecanismos para el progreso intelectual del individuo, con nuestra negligencia ante su degradación, estamos construyendo una generación de tarados. De hecho, ya tenemos la pomposa generación I, porque nacieron con el internet, como si esto fuera un atributo muy loable; en realidad habría que llamarlos I por imbéciles. Están convencidos que la tecnología es lo máximo; la panacea universal que nos va a hacer evolucionar. Y muy a pesar de la opinión de ciertos Premios Nobel de literatura y renombrados poetas que, en una presuntuosa actitud de ultraliberalismo fantoche, pretenden desechar hasta el más mínimo rastro de la gramática y la ortografía para, supuestamente, "liberar la expresión del alma humana", un lenguaje rico y bien estructurado sirve para precisar las ideas, profundizar el razonamiento, y con ello mejorar la reflexión y la comprensión. Los puntos, las comas, los adjetivos, los adverbios, fueron creaciones de grandes talentos. Del mismo modo, hoy se alardea que la computadora es esencial para mejorar la educación e incrementar la inteligencia. Queremos olvidar que el genio no es el que aprende a utilizar una computadora, sino el que la creó. Su uso se ha simplificado tanto que está al alcance de cualquier tonto. Pero se la promueve como el gran avance de la modernidad tratando de soslayar sus efectos negativos, algunos de ellos verdaderamente alarmantes, como el exponernos a un campo electromagnético probadamente cancerígeno, principalmente con los vanguardistas aditamentos inalámbricos, o el afectar de forma permanente la agudeza visual, y peor aún, el causar un grave daño al desarrollo de la coordinación mano-ojo; una de las grandes condicionantes de la evolución intelectual, que dio origen a la que es, tal vez, la demostración más excelsa y genuina del alma humana: El arte.

Para evaluar con precisión las manifestaciones estéticas es imperativo situarnos en la época en que fueron creadas. Todo comenzó con los fascinantes intentos de las pinturas rupestres como expresión artística primigenia de los hombres de las cavernas quienes, a pesar de estar enfrascados en una ardua lucha por la supervivencia que es inimaginable en nuestros días, se dieron tiempo para plasmar las ideas y los sentimientos que inquietaban su espíritu, buscando expandir las fronteras de la sensibilidad humana. Se alcanzó luego el apogeo con la insólita perfección del realismo, seguido por el romanticismo etéreo y la magistral tentativa impresionista de atrapar el movimiento, el tiempo fugaz; hasta llegar a los enigmas del surrealismo que nos transportaban al ámbito de los sueños. Hoy el arte moderno ha caído en lo grotesco y lo banal para satisfacer los intereses comerciales, la moda es: "Deja que el espectador imagine lo que quiera; yo mientras me hago pendejo". Pero esto es un falso concepto de liberación y sólo delata una mayúscula ineptitud para expresarse. El arte no es estéril; desempeña una función práctica y útil para desarrollar la perceptibilidad de la sociedad en su conjunto. Por más que se pretenda muy individualista, vanguardista o reformador, el auténtico artista tiene el compromiso social ineludible de descifrar el mundo, que sus particulares cualidades innatas le permiten percibir de manera más certera y minuciosa, para transmitirlo a aquellos que carecen de tal capacidad, y mejorarles su experiencia de vida. La característica más fundamental del arte genuino es que escapa de su creador y se universaliza. Y precisamente, porque logra tocar las fibras más profundas y esenciales del alma de todos los Seres Humanos. No obstante, uno de los grandes orgullos del modernismo es el llamado arte abstracto que, al no estar basado en la realidad sino en una "innovadora" búsqueda que va más allá de nuestras percepciones naturales, nuestros sentidos no logran captarlo para traducirlo en emociones significativas. Esto explica por qué, junto con todas sus retorcidas variantes, su presencia ha sido fugaz y titubeante. Los retratos de seres deformados, con la pretenciosa intención de crear inverosímiles imágenes donde se representan simultáneamente las diversas facetas de un individuo o del orbe, algo que no sólo es imposible en un ser humano sino aberrante para la realidad, son un reflejo de la degradación del espíritu y de nuestro alejamiento de la Naturaleza, aunado a un enfermizo deseo de manipularla, de destrozarla a nuestro antojo. La distorsión del mundo como consecuencia de la deformidad del alma. Estas imágenes caricaturescas están bien como entretenimiento para niños o personas con facultades mentales limitadas, ¿se acuerdan de los cerdos que hablan? Pero para alguien que busca expandir su percepción del entorno que nos envuelve son simplemente desfiguraciones restrictivas. Lo más sarcástico es que a pesar de todas estas ineptitudes y carencias, todavía pretenden ser considerados como genios, dueños de una sensibilidad ultra humana, fuera del alcance de todos los demás. La clave para "interpretar" sus "grandes obras" está en los estrafalarios precios a que se venden. Más claro, ni el agua. El idealismo mismo debe estar basado en la realidad para ser viable. ¿De qué sirve el anhelo idiota de ser invisibles o de ser eternos?

Más allá de las palabras está el más universal y expresivo de todos los lenguajes: La música; que en su nivel más sublime le habla directamente al alma, sin pasar por la mente. Siempre me deja embelesado constatar el efecto tranquilizador que tienen sobre mi pequeño hijo unas palmaditas acompasadas en el pecho o en la espalda. Cuando su sueño se inquieta, este simple gesto afectivo le devuelve la calma. La razón es muy sencilla: Las percusiones pertenecen a los ritmos más naturales y primitivos, y son uno de los primeros sonidos que escuchamos. El encanto dimana de un placentero recuerdo, memorias lejanas y nebulosas perdidas en nuestro subconsciente que nos hacen revivir aquella época de nuestra estancia en el seno materno que nos brindaba alimento, calor, paz... Donde el batir acompasado del corazón de nuestra madre llenaba todo nuestro universo. Es por eso que la música donde las percusiones marcan la pauta, en especial cuando su batir se acerca al de la frecuencia cardíaca, tiene un efecto tan grato sobre nuestro ánimo; como los ritmos africanos, tan arcaicos, y sin embargo tan impactantes. Es justo como el reflejo de acurrucarnos en posición fetal para protegernos. Simplemente nos transportan a etapas tempranas de nuestra existencia; tiempos felices cuando todas nuestras necesidades vitales y afectivas estaban satisfechas.

Éste es el punto de partida. No obstante, como seres humanos, tenemos la obligación de avanzar, de no quedarnos en un nivel tan básico. Así como el intelecto debe ampliarse, el alma humana también tiene que expandirse para elevar su potencial emocional. La música aguza los sentidos tornándolos cada vez más refinados, ensanchando las fronteras de nuestra sensibilidad para percibir aspectos de nuestro entorno que, de primera intención, se escabullen sin advertirlos. Sus límites son sólo la capacidad innata del cerebro para remontarse a niveles más elevados, o nuestra ineptitud para encontrar los mecanismos para desarrollar plenamente tal capacidad. Desafortunadamente, dada la enorme influencia que tiene sobre nosotros, la música se ha manipulado para convertirla en un arma de domesticación, que aturde y bloquea los sentidos. Tal es el caso de la llamada música popular, con sus ritmos monótonos y repetitivos que aprisionan al Ser y estupidizan la mente. La cuestión se limita a una ganancia comercial, si da dinero es una obra fantástica; de tal manera que su éxito se evalúa sólo por su popularidad, o sea, por la cantidad de imbéciles que se logra embaucar para que la compren; ya saben, se otorga el premio de platino ¡por el número de discos vendidos! En ningún momento se valora la originalidad de la composición, su complejidad armónica o de perdida las cualidades interpretativas del presunto artista. Y ahí están los metálicos, cuya supuesta música no es más que una sarta de ruidos estridentes que abotaga la mente y embota los sentidos, deteriorando nuestra percepción, tanto que para "disfrutarla" es necesario estar idiotizado bajo los efectos de alguna droga. El bullicio, el desenfreno, la necesidad de refugiarse en la enajenación son signos de un alma muerta. No hay felicidad con aspavientos.

Uno de los factores cruciales que restringe los alcances de estos tipos de música es la presencia de la voz humana. Las palabras se procesan en la mente, lo que ocasiona que la pieza musical se quede estancada en ella, impidiéndole fluir hacia el alma para entablar un diálogo. Notables excepciones son la música coral y algunas óperas gloriosas donde la voz humana alcanza tonalidades indistinguibles de las de los instrumentos musicales. Lo mismo ocurre con la poesía, cuya "musicalidad" determina su potencial para vincularse con nuestro espíritu. En contraste, la llamada música "clásica", inspirada en la Naturaleza, y uno de cuyos principales atributos es la ausencia de la voz humana, trasciende espontáneamente al alma, liberándola, estimulando sus zonas creativas; la lanza a vagar por lo sublime, despertando ignotas emociones. Es como el aprender un nuevo idioma que nos permite interpretar de forma más profunda y significativa la realidad que nos envuelve. Hay pocos momentos tan grandiosos como aquellos en que las percusiones abren paso a los ecos de trompetas casi celestiales, para conducirnos a una fuga espiritual hacia los confines del espacio sideral. Hay una manera muy obvia y simple de evaluar la excelencia y relevancia de la música: Si te incita a mover el cuerpo, a bailar, es que se ha quedado estancada en tu mente, atrapándola; y no te va a llevar más allá de una vivencia corporal. ¡Hasta a los caballos les gusta bailar! Si, por el contrario, te deja estático, absorto, es que ha embelesado al alma, que, extasiada, escapa para entrar en comunión con el Cosmos.

Así como la música alimenta al alma, el estudio, la cultura, la experiencia, expanden y liberan la mente. El objetivo debe ser lograr el pleno desarrollo de ambas para completar nuestro crecimiento como humanos.

De ahí la enorme importancia de la educación. Por siglos se consideró un privilegio al cual pocos tenían acceso. Hoy, por desgracia, no sólo se ha devaluado, sino se ha convertido en un dispositivo de amaestramiento. Hasta millonarios y comerciantes vociferan calificándola de inútil, y pugnan para que el estudiante se concentre mejor en actividades que generen "riquezas". Es pavoroso constatar que tras más de veinte años de educación escolar no se logran superar complejos y prejuicios. Es mentira que un profesionista sea una persona culta. Su paso por la universidad sólo sirve para aleccionarlo y convertirlo en esclavo de una sociedad abismada en el consumismo. Sus anhelos no van más allá de ganar dinero para acumular bienes materiales superfluos. Peor aún, al terminar una carrera la persona queda encasillada. Licenciados, médicos, ingenieros, lo que sea, ya no aspiran a más, quedan socialmente catalogados, y hasta allí llegan. Como si el hombre pudiera programarse como un robot para realizar una sola función. Y es que ser culto no significa saber un montón de cosas inútiles, sino conocer aquello que te ayuda a liberarte. La cultura es el medio para acrecentar la sensibilidad del alma y la agudeza del intelecto.

Pero las sofisticadas técnicas de manipulación con fines comerciales han causado verdaderos estragos. Zozobramos en una involución que no sólo nos ha hecho más torpes, sino hemos perdido aptitudes e instintos. En la avanzada va la televisión, seguida de cerca por las novelas fantasiosas y las películas, difundiendo ideas tergiversadas; con algunos "creadores" de mentalidad tan grotesca y enferma que, francamente, es nauseabunda. Aun las que se dicen biográficas son ficticias, deforman los hechos para amoldarlos a la ideología que se pretende inculcar, están destinadas a amaestrar. Si no las ves o no las lees, ten la seguridad de que no te pierdes de nada. Y no vas a pasar el resto de tu vida enterándote de la "fabulosa" vida de los demás en vez de vivir la tuya propia; sobre todo cuando sólo son una bola de imbéciles farsantes que te los quieren presentar como si fueran seres especiales, dotados de atributos inalcanzables. El ser humano tiene demasiados sueños y aspiraciones en que ocuparse, y no hay tiempo que perder. No permitas que te subyuguen impunemente. No es lo mismo guiar y orientar para encontrar el camino que atiborrarnos de propaganda para domesticarnos. Lee reportajes, disertaciones, documentales que te permitan conocer la geografía, la historia, las diversas culturas. ¡Sitúate en el Universo! No olvides que la realidad supera con creces la fantasía.

Vayamos a las escuelas y universidades. Cualquiera que haya tenido la vivencia escolar se ha percatado de que no todos están capacitados para ser estudiantes, ¡y menos aún universitarios! Las instituciones están llenas de mediocres incapaces de llevar materias que implican incluso el uso más básico del intelecto. Son estos "burros" los que van a dar a las facultades menos demandantes como la de ciencias políticas. Desafortunadamente son ellos los que van a terminar siendo los políticos que ocupan los puestos de mando en los gobiernos. Y luego nos preguntamos por qué estamos tan mal. Un pendejo, aunque estudie en la mejor universidad del planeta, nunca va a dejar de ser un pendejo. Para poder mejorar es crucial implementar un sistema de admisión que seleccione estrictamente quién debe acceder a la enseñanza superior con base en sus méritos intelectuales innatos, para aprovechar al máximo los recursos y asegurar una dotación de profesionistas capaces. Por otro lado, para el funcionamiento adecuado y la estabilidad de una sociedad es necesario también contar con buenos albañiles, electricistas, carpinteros y muchos otros oficios indispensables, y hay gente que nació para ello; esto no tiene nada de denigrante. Sólo hay que asegurarles salarios justos que les den una calidad de vida digna; todos debemos contribuir al bienestar general. Por desgracia, el grupo en el poder conoce bien el maquiavélico lema "Divide y Vencerás", y provoca enfrentamientos entre los diferentes estratos sociales para poder manipularlos y utilizarlos para satisfacer su ambición desmedida. Así como se ha idolatrado la belleza, una preocupante tendencia actual de la domesticación ha idealizado y ensalzado la juventud como si fuera un estado permanente, una etapa que les pertenece en exclusiva. ¡Que un joven nunca va a envejecer! Por su inexperiencia e impulsividad son presa fácil de la publicidad, y les han creado toda una moda y forma de vida que deben aceptar sin cuestionar. Deslumbrados, olvidan que es sólo un período efímero que van a dejar atrás más pronto de lo que imaginan. Pero casi los convencen de que los adultos son una especie diferente. Este engaño ha provocado severos conflictos intergeneracionales que afectan gravemente la convivencia social. Contrariamente a culturas pasadas en que se respetaba y valoraba a los viejos como fuente de sabiduría, hoy son un estorbo que hay que desechar; más que nada porque su ponderada percepción de la realidad los hace muy malos consumidores. Pero, en la mayoría de los casos, el hecho de envejecer no sólo destaca el éxito de haber logrado adaptarse mejor para sobrevivir más años, sino el alcanzar la madurez intelectual y emocional que lleva a entender y disfrutar la vida con plenitud, lejos del consumismo y el materialismo.

Otra de las grandes herramientas de dominación es recurrir a la enajenación del fanatismo. Ver deportes se ha convertido en un recurso para llenar nuestro tiempo muerto, procurándonos emociones fugaces y frívolas con la "maravillosa" ventaja de que no requerimos hacer esfuerzo alguno; para disfrutarlos podemos estar echados y comiendo como cerdos. Y que importa si es sólo un engaño que está produciendo ganancias exorbitantes a una pandilla de hampones que se aprovechan de nuestra estupidez. ¿Se han puesto a reflexionar, siquiera un instante, qué sentido real tiene estar viendo a una bola de idiotas correteando una pelotita, o dando vueltas en una alberca para demostrar quién es mejor? ¡Qué extremo tan espantoso de imbecilidad! A lo más que pueden aspirar estos héroes de papel es a perder el tiempo empeñados en ganar una medalla de oro, fama o dinero para satisfacer su ego. Pero, el ser admirado por una horda de descerebrados, que nos repiten sin cesar que somos especiales, no va a saciar nuestra vanidad. Finalmente, cuando la realidad se impone nos damos cuenta del sinsentido de esos valores huecos y triviales. Competir contra los demás es absurdo, el enemigo a vencer, el más nefasto, eres tú mismo, tu apatía, tus miedos, tus complejos; no hay manera de engañarnos a nosotros mismos. De nuestra mediocridad no podemos escapar, no importa qué careta usemos ante los demás.

En el último episodio de nuestra empecinada lucha por concebir las aberraciones más inconcebibles para satisfacer nuestro exacerbado hiperhumanismo, inventamos la desquiciada moda de los animales rimbombantemente llamados de "soporte emocional". Perros, gatos y demás, destinados a llenar la existencia vacua de individuos incapaces de encontrar un auténtico sentido a la vida. Imposibilitados para procurarse su propia subsistencia, como lo exige la Naturaleza, estos animales son nocivos e inútiles para el planeta. Peor aún, son un pretexto para promover la imbecilidad. Se nos ha convencido de que esta propensión refleja el refinamiento de la bondad y la conmiseración que caracterizan a nuestra vanguardista civilización. Incluso en los países que van más allá del vanguardismo, ¡han llegado al extremo de querer plasmar los derechos de estos animales en la constitución! ¡Pero resulta que NO! Cuando analizamos la relación simbiótica que han desarrollado los pueblos antiguos con los animales, que ayudan realizando actividades útiles y productivas, alimentándose naturalmente sin tener que destruir el medio ambiente, vemos a qué grado de perversión hemos llegado. Lo más grave es que esta tendencia nace de la manipulación publicitaria de las compañías productoras de alimentos para mascotas, para aumentar sus ventas. De nuevo, hacer dinero a cualquier costo. Con tiernos comerciales donde aparecen graciosos y juguetones cachorros formando parte de nuestra familia, han logrado cautivar nuestra ostentosa sensiblería. Pero estas compañías son las principales responsables de la desforestación de las selvas y los bosques para convertirlos en campos de pastura donde criar ganado barato para producir sus productos. ¿Han visto las fotos de las selvas arrasadas por el fuego, donde multitud de cuerpos de animales silvestres yacen calcinados? Especies llevadas al borde de la extinción para que nuestras mascotas puedan tener una "alimentación balanceada" y crecer sanas. Y aunque queramos cerrar los ojos y fingir demencia, somos responsables directos de esta masacre y destrucción. Igual que los drogadictos son culpables directos de la violencia y las matanzas provocadas por el narcotráfico. La degeneración ha llegado a límites tan repugnantes que ¡ya hasta existen psicólogos para pericos! Aprisionar y corromper animales no es crear un vínculo con la Naturaleza, es fomentar su deterioro. Tengamos el valor de encarar los retos de salir a contemplarlos disfrutando en su mundo, en libertad.

Se suponía que el progreso, el avance tecnológico, nos liberaría de actividades rutinarias, peligrosas o embrutecedoras, y nos daría más tiempo libre para dedicarlo a cultivar el alma y expandir el intelecto, con lo cual se fomentaría el desarrollo individual y social. Pero en una sociedad donde abundan los individuos vanos, sin iniciativa, sin nada que mejorar, el tiempo libre es tiempo perdido. Lo único a lo que dio origen fue al ocio, la simiente de todos los vicios. El mediocre se ahoga en el hastío; al no saber qué hacer con la libertad, la despilfarra en estupidizarse aún más. ¿Qué sería de su vida si no existieran las "benditas redes sociales" o la televisión para evadirse? Sencillamente, tendría que soportarse a sí mismo; con su mente hueca y su alma muerta. Incapaz de crear ideas, sólo le queda imitar a los demás. De aquí surgió la moda, los salones de belleza, los gimnasios, los ilustres bodybuilders… Tantas banalidades creadas por gente frívola para dilapidar la vida. A una persona creativa le falta tiempo para completar sus proyectos. Siendo una criatura racional y meditativa, el Ser Humano necesita de la soledad, de la paz y el silencio para encontrar inspiración y desplegar su creatividad; esto es justo lo que nos brinda la experiencia de sumergirnos en el mundo natural, donde nuestros sentidos se activan, afinando nuestra percepción, liberándonos. La soledad tiene el atributo de enfrentarnos a nuestra conciencia; es por ello que un ser pensante la busca para tener un espacio de introspección; el pusilánime, por el contrario, le teme y no sabe qué hacer con ella porque lo confronta a su vacío interior. Desde los albores de las ciencias dedicadas al estudio del hombre se fraguó la idea de que el ser humano es un ente social; poco después esta noción se distorsionó, insistiéndose en la necedad de que el humano tiene la necesidad ineludible de vivir en grupo. Pero hay un abismo entre ser un ente social y requerir pertenecer a una manada, perdiendo toda conciencia de individualidad. Basta considerar un atroz evento histórico para desmentir tal concepto: El hombre trabajando en solitario logró deducir la esencia misma de la materia, la estructura elemental del Cosmos; en comparación, el hombre trabajando en equipo, de lo que tanto alarde se hace en los países "avanzados", utilizó este conocimiento para construir la bomba atómica, el arma más infame, perversa e ignominiosa que se haya concebido jamás. La aventura humana es en esencia una experiencia en solitario; vagar entre la muchedumbre buscando un sitio para sí que, simplemente, no existe. El ingenuo que no se percate de ello cuanto antes, y entienda que, a pesar de todo, es una oportunidad única que vale la pena aprovechar, está condenado a una existencia de frustraciones y amargura. Una de las vivencias más relevantes que nos regala la soledad, cuando se tiene el valor de superar la incertidumbre y los riesgos de explorar el mundo, es la oportunidad de sentir el arrebato del descubrimiento.

Acicateados por una ristra de pseudo expertos, que nadie sabe cómo, qué o quién los hizo "expertos", nos jactamos de que somos seres superiores porque tenemos la capacidad de modificar el entorno y "dominar" a los otros seres que lo habitan. ¡Pero es mentira! En realidad, no dominamos, destruimos. La ciencia se ha convertido en nuestro gran orgullo, y casi la consideramos como una diosa a quien le agradecemos la Artificialeza en la que vivimos. Fantaseamos que nuestra modernidad por sí sola nos ha evolucionado y vuelto más inteligentes y espirituales, dueños de una ultra sensibilidad única, nunca vista en el orbe. No obstante, la irreverente realidad, otra vez, nos contradice. La profundidad intelectual y la claridad de discernimiento de Platón o Aristóteles hace miles de años, son incomparables aún hoy en día. Totalmente fuera de su ambiente natural, nuestro entendimiento se ha ofuscado. Generaciones enteras han nacido y crecido aprisionadas entre plástico y cemento; tanto así, que jamás han visto siquiera una cabra o una gallina de verdad. Por otra parte, es indispensable individualizar porque las generalizaciones tienden a ser incorrectas. Los avances científicos y técnicos han sido logrados por un puñado de individuos geniales; el resto es sólo una turba manipulable, un fardo inútil, sin la más mínima idea de cómo o qué se ha conseguido; aunque nuestra fanfarronería pretenda hacernos partícipes de tales logros. La dichosa Revolución Industrial, que consideramos todo un hito de nuestra civilización, además de conseguir la "gloriosa" liberación de la mujer, generó un severo conflicto de la ciudad contra el campo. El "tosco" campesino, exiliado de la campiña por la mecanización de las labores agrícolas, y el artesano, arruinado por su imposibilidad de competir con las fábricas, se vieron obligados a refugiarse en la ciudad, donde terminaron formando el proletariado obrero al servicio de la "refinada" burguesía citadina, que impuso costumbres y valores que exaltaban sus virtudes, y menospreciaban la "inferioridad" económica y social del "populacho", para marginarlo y hacerse del poder. Al paso de los años, habitar en la ciudad se consideró un símbolo de prestigio, al mismo tiempo que se denigraba la vida en las zonas rurales, considerando a sus habitantes como ignorantes, retrógradas y faltos de iniciativa. Esto condicionó en las nuevas generaciones de los pueblos un deseo de emigrar para disfrutar de todas las maravillosas ventajas y oportunidades que ofrecían las grandes urbes e integrarse a la modernidad. Pero la consecuencia más grave fue que se fomentó la creación de ocupaciones y empleos banales y superfluos que dieron cabida a gente mediocre e inservible, promoviéndose su multiplicación. Ya saben, entre más clientes más ganancias. En la actualidad, esta insostenible tendencia ha alcanzado proporciones descomunales, dando origen a megaciudades monstruosas que no sólo arrasan con los recursos naturales y contaminan el ambiente, sino deshumanizan a sus habitantes. Es de esta putrefacción de donde han surgido tantos parásitos, tanta gente de mente enferma que atiborra el mundo, y que las han convertido en su refugio, en donde toda perversión es válida para escapar del vacío interior. En poco más de un siglo, nuestra soberbia y ambición han llevado a la tierra al borde del desastre. Nuestra pomposa sociedad consumista y comodina, amante del desperdicio y del hiper humanismo ridículo que permite la supervivencia de los ineptos, está fuera de todo ciclo vital y es completamente opuesta a las leyes naturales. Sencillamente, hemos creado una civilización que NO ES VIABLE en el planeta. El tan pregonado "progreso" es un "ciclo mortal" donde lo que menos interesa es fomentar nuestra evolución como humanos. Se limita a una frenética transformación tecnológica que requiere de individuos maleables, para explotarlos como esclavos consumistas y lograr el enriquecimiento a grados patológicos de unos cuantos. Nuestra arrogancia no nos permite entender que para aprender de la Naturaleza hay que preguntar a los que viven en la Naturaleza, los indígenas que conocen y siguen sus leyes, no a los científicos "sabelotodo" que viven fuera de ella. Evolucionar es mejorar, y la meta es alcanzar el punto de equilibrio natural donde ya no se requiere seguir "avanzando". La Naturaleza nos lo enseña de forma contundente; algunos reptiles, como el cocodrilo, y ciertos insectos han logrado integrarse de forma tan perfecta a su medio que no han sufrido alteraciones en su estructura corporal durante millones de años. Existen también grupos humanos que a lo largo de milenios han mantenido un estilo de vida que se armoniza por completo con su entorno, en una admirable relación simbiótica. Ésta es la cúspide de la adaptación evolutiva. Pero el hecho de que podamos aprender mucho de estos pueblos, a los que nos obstinamos en considerar salvajes y primitivos, hasta caducos, es inadmisible para nuestra pretensiosa mentalidad de la era espacial. Lo satírico de la tragicomedia es que, al final, lo más probable es que sean ellos los únicos que sobrevivan.

Y hablando del espacio; estando a punto de aniquilar la tierra y con el pretexto de salvarnos de un potencial cataclismo cósmico, nos hemos enfrascado en una insensata carrera para explorar nuevas fronteras, en busca de otros planetas habitables que podamos destruir para satisfacer nuestros caprichos. Ya saben, lo importante es que sobrevivamos, no importa si, como una plaga, tengamos que contaminar y arrasar al universo entero. Nos rehusamos a tomar conciencia de que eventualmente el Universo mismo va a morir para iniciar un nuevo ciclo; por más que huyamos como cobardes el destino nos va a alcanzar. ¿Por qué milagrosa intercesión, por qué méritos supra naturales pretendemos que merecemos ser eternos? Hemos llegado al clímax de la imbecilidad. Por lo pronto, igual que la inmensidad del mar que parecía interminable, hemos llenado de basura el espacio que nos rodea para hacer la guerra y obtener el mayor beneficio económico posible. Mas de nuevo topamos contra el mundo real. Cuando nos percatamos de la formidable barrera que constituye la vastedad del Cosmos, de inmediato se hace evidente la impracticabilidad de estos descabellados proyectos de conquista, con los medios de transporte que la ciencia moderna ha logrado vislumbrar. No obstante, los heroicos astronautas ya se jactan de su grandioso sacrificio en pos de nuevos horizontes. Lo más irónico es que las menospreciadas civilizaciones antiguas y su sabiduría milenaria podrían enseñarnos un método muchísimo más simple para poder desplazarnos por el espacio: Los portales interestelares. Sin embargo, y como siempre, la pedantería y el desdén no nos permiten concebir que estas arcaicas culturas pudieran saber algo que nos sea útil. En aras de la precisión científica, los "expertos" se empecinan en objetar y desechar de antemano los conocimientos ancestrales, no importa cuán obvios sean. Hace mucho tiempo ya que Einstein los intuyó y nos mostró un camino a seguir; ahora es cuestión de dar un paso más, dejar a un lado complejos y prejuicios, y enfocar nuestros esfuerzos a descubrir cómo se activan, para conseguir entrar en ellos. No podemos continuar enmierdando impunemente el espacio. La puerta hacia las estrellas está aquí, sobre la tierra.

Nadie está contra el verdadero progreso; el progreso general como producto del intelecto y la sensibilidad de un Ser Humano, basado en los lineamientos y límites que impone el marco natural, y no en los intereses económicos y bélicos de cerdos con una retorcida concepción del mundo. Para solucionar a fondo el problema es urgente establecer mecanismos para eliminar a estos engendros llenos de maldad. Si queremos evolucionar como especie es imprescindible buscar el beneficio de todos los habitantes del planeta, concebirnos como humanidad, adoptar medidas drásticas para dirigir nuestro avance, velar por el bienestar de la tierra como nuestro hogar común. No podemos hacer caso omiso de la realidad. Hay que entender que nuestro futuro no está en la tecnología, sino en la Naturaleza. No se trata de hacer vehículos más sofisticados y eficientes para proveernos de comodidades, se trata de que el hombre vuelva a caminar; de construir ciudades a escala humana y controlar estrictamente el crecimiento poblacional para respetar los ecosistemas que nos rodean. Ninguna mujer debe de tener hijos antes de cumplir los treinta y tres años, edad perfectamente dentro del rango ideal para la concepción, y nunca más de dos. Las condiciones reproductivas han cambiado enormemente con el desarrollo de la medicina. El objetivo de una ciencia auténtica debería ser el contribuir a mejorar nuestra calidad de vida dejando fuera las consideraciones comerciales, y con un estricto enfoque en prever los daños que sus "grandes avances" pudieran ocasionar. El naturalismo es simplemente volver a nuestras raíces, revalorar las cosas verdaderamente trascendentales. Se nos ha hecho creer que vamos a llegar a un final donde viviremos "felices para siempre", como en los cuentos de hadas. Esto es una estupidez. La vida es una lucha constante llena de retos, ¡eso es, exactamente, lo que la hace digna de vivirse! Si algo caracteriza al Universo es el cambio continuo, una existencia dinámica donde lo único estable es la inestabilidad. La rutina mata la creatividad y entorpece el pensamiento; somos el ejemplo vivo. Para el hombre primitivo cada día era diferente, una nueva oportunidad de aprender, de experimentar, de morir; fue lo que lo hizo evolucionar. Hay que llenarnos de emociones, generar sueños, establecer metas que nos acerquen a lo sublime. Lo más terrible es que uno mismo se ponga barreras o se corte las alas. ¿Por qué vamos a respetar las reglas y la moral de una civilización enferma que está devastando al planeta? Nos quieren hacer caer en una trampa para domesticarnos. Nuestra libertad sólo depende de nosotros. Bríncale chango, bríncale, ¡porque te enjaulan!

CAPÍTULO VI

Mi Yo, Mi Otro Yo Y Mi Yoyito

El Fardo de las Tinieblas

Podría haber sido Criolla. Nunca lo supe. Sus ojos claros, transparentes como la miel, su tez tan blanca, sus trenzas sutilmente doradas. Mi abuelo, todo lo opuesto. Si bien no era un Tente en el Aire ni un Saltapatrás, era muy moreno; sus ojos negros y el pelo lacio. Ciertamente no un Mulato, pero sí un Mestizo con fuerte sangre indígena. Con cuánto placer recuerdo aquellos relatos de su niñez, cuando acompañaba a sus padres para ir a la Ciudad de México en pequeñas canoas, atravesando el majestuoso lago. En el antiguo pueblo todavía existe un monumento que marca el sitio hasta donde llegaba el agua. Ahí estaba el embarcadero del cual salió Cortez para conquistar la gran Tenochtitlán. Siguieron tres siglos de mezcolanza; los invasores españoles no tuvieron el menor reparo en mezclarse con las indígenas locales, y con la llegada de los esclavos negros se dio origen a un sinfín de combinaciones raciales. Cuando otros europeos, chinos, árabes y demás se hicieron presentes, y se agregaron al revoltijo, aquello se convirtió en un verdadero merequetengue. Cada grupo resultante recibió un nombre específico, pero con el paso de los años se hicieron tan numerosos que faltaron apelativos, y hubo que recurrir al ingenio. Así nacieron el Lobo Tornatrás, el Allí te estás, el No te entiendo, y muchos más. No obstante, estas castas o clases sociales no constituían una clasificación rígida y estricta de la comunidad; más que una división racial, se basaban en parámetros económicos; de hecho, la siguiente generación podía cambiar de casta si se casaba con alguien de un grupo diferente o si su posición económica mejoraba. Con el tiempo, de este crisol centenario surgió una raza de bronce.

Muy diferentes fueron las cosas mucho más al norte, donde un grupo de peregrinos trayendo a cuestas un pesado fardo de prejuicios religiosos, llegó también a reclamar por la fuerza una tierra que no era suya. Pero, además, sus escrúpulos puritanos eran insuperables y no les permitieron fusionarse con los grupos indígenas que habitaban la región; en lugar de ello, prácticamente los exterminaron. Traicionaron su buena fe despojándolos de sus aldeas, asesinando o esclavizando a sus niños y mujeres en indecibles crímenes de lesa humanidad. El paso de los siglos torna borrosas tan fatídicas calamidades y apaga nuestra indignación. Pero, para darnos una idea más precisa y actual, basta imaginar que alguien llegara de improviso a apoderarse de nuestra casa, desalojándonos con violencia, y matando a nuestros hijos, sólo porque tiene el poder para satisfacer su ambición. Por todo el continente se sucedieron masacres horrendas, vejaciones, pillajes y atrocidades sobre las cuales se cimentó la prosperidad y el desarrollo del viejo mundo, y ante las cuales palidecen las infamias de las guerras mundiales. La conquista de América fue uno de los episodios más aberrantes y sangrientos en la historia de la humanidad. Pero hoy, ¿quién se acuerda de ello? ¡Sólo era una bola de indios!

Y llegamos al tema más controversial de este libro, donde la realidad se hace brutalmente presente. Analizando evidencias y testimonios pasados, es muy patente cómo la sociedad humana, al observar las sociedades animales y basándose en una profunda intuición emanada del más elemental sentido común, discernió que también entre sus integrantes había palpables diferencias intrínsecas, quizás supeditadas al destino o a designios celestiales. Esto condicionó un comportamiento social que tendía a clasificar a sus integrantes según sus cualidades o defectos innatos. De hecho, fue lo que en épocas remotas dio origen a los apellidos. Así, se tomaba en cuenta las habilidades para algún oficio o el lugar de nacimiento, o también los rasgos distintivos del carácter de las personas. Todos hemos escuchado, por ejemplo, los apellidos Zapatero, Buenrostro o Alegre. En las comunidades rurales, aún apegadas a las pautas naturales, las gentes siguen diferenciando a los güevones, los trabajadores, los idiotas y demás. Y no solo los califican como tales, ¡los tratan como tales! De aquí surgieron incontables dichos que compendiaban la sabiduría adquirida a través del tiempo y que claramente identificaba los atributos de cada individuo: Hijo de tigre, pintito; árbol que crece torcido jamás su tronco endereza; la mona, aunque se vista de seda, mona se queda. Y esto es todavía más notable porque tales dichos tienen asombrosos equivalentes en diversas culturas del mundo, aun y cuando algunas nunca tuvieron contacto entre sí. Así, los estratos sociales han existido de forma natural desde siempre; instintivamente se percibía la realidad: NO TODOS SOMOS IGUALES. El problema surgió cuando esta clasificación se apartó de los únicos parámetros naturales válidos: Las capacidades mentales y espirituales. Al utilizarse como elementos de juicio, variables artificiales sin sustento real, nacidas de los prejuicios, los complejos y el abuso del poder, se originó una inaceptable discriminación. Aparecieron clases sociales cuya justificación era el lugar de origen, la religión, el idioma. En la actualidad, con nuestros instintos abotagados, nos hemos ido al otro extremo; queremos pretender que todos somos iguales y que todo mundo debe tener los mismos derechos.

Pero la Naturaleza ya determinó el talento de cada persona, y estableció un orden natural donde cada quien desempeña un cierto papel. Hay suficientes evidencias a todo lo largo de la historia para poder catalogar a la gente. Más aún, estas diferencias tienen una importancia capital pues sirven para dar viabilidad a la sociedad, posibilitando que, en mutua cooperación, se realicen los diferentes quehaceres que son necesarios para su sobrevivencia. La sociedad humana es un ser vivo, justo como el propio cuerpo humano, que necesita de pulmones, riñones, corazón, para llevar a cabo, cada uno, una función específica que contribuye al beneficio del organismo en su conjunto. Es cuestión de observar el mundo natural, como antaño; los animales que viven en sociedad nos muestran el camino. Todo grupo humano necesita un mínimo de organización social. El orden jerárquico sirve de sostén moral a una comunidad; por eso cuando sus líderes son corruptos o malvados, pierden toda autoridad y las sociedades colapsan. No todos pueden ser capitanes, debe haber marineros, cocineros, barrenderos… ¡y todos son importantes! Si no, el barco no puede navegar.

Volvamos a las definiciones, y ya entrados, vayámonos hasta las clasificaciones. En conclusión: De acuerdo a nuestras facultades congénitas en los ámbitos intelectual y espiritual, alcanzaremos un cierto rango en la escala social que, a la vez, determinará nuestro cometido. Estos parámetros nos permiten diferenciar con toda claridad los siguientes estratos:

1. El Ser Humano. Este es el máximo nivel al que podemos aspirar como especie. Lo grave es que está en vías de extinción; son muy escasos y su número se sigue reduciendo dramáticamente. Se caracteriza por tener una concepción de la existencia que va más allá de la simple supervivencia. Dada su particular escala de valores, comprende que su vida, en sí misma, no es tan primordial y valiosa, y es capaz de morir por un ideal. Se percata con absoluta claridad de su sitio en la Naturaleza, que exige un mínimo de estoicismo, lo que implica el sacrificio corporal; el cuerpo humano está concebido para hacer esfuerzos, para trabajar físicamente. Aunque precisa de independencia, tiene una profunda consciencia social y busca el bienestar general. Lógica elemental, vivir en una sociedad sana favorece su propia salud. Sus mayores anhelos son: Entender y experimentar la maravillosa aventura de su paso fugaz por la Tierra, y alcanzar la evolución intelectual y espiritual que lo lleva a la auténtica libertad, la cual,

inexorablemente, exige de nuestros cinco sentidos. El valor de la vida como humano lo determina la capacidad para ser útil e integrarse al ciclo perenne del Cosmos.

2. La Persona. Constituye el segundo grupo más numeroso de la sociedad. Tienen un cierto nivel intelectual y espiritual, pero no logran escapar de los lineamientos establecidos por la manipulación publicitaria, que los enajenan y les hacen perder su libertad. Son, por ello, el principal factor que da vida y mantiene a nuestra patológica civilización. La mayoría son individuos buenos y honestos, pero con aspiraciones muy limitadas. Lo corporal tiene suma importancia y se conforman con una vida pragmática. Entre sus metas esenciales están el conseguir la seguridad y la paz de la rutina. El peor de esta categoría es el mediocre, que constituye buena parte de ella y a quien un solo paso lo salva de caer al peldaño inferior. Es muy fácil de identificar: Sólo tiene capacidad para enfocarse en sí mismo; vive enclaustrado en su propio mundito del cual le es inimaginable salir. Le encanta seguir las tendencias de la moda. Considera que sus sentimientos y su bienestar son lo más importante, y da por hecho que el mundo y las cosas existen únicamente para satisfacer sus necesidades; no faltaba más, siendo descendiente directo de deidades, ¡se lo merece! En su miope perspectiva no hay más que el presente, siempre ha estado ahí; los esfuerzos de todas las generaciones anteriores, el pasado y los demás, no cuentan. ¿A mí en que me afecta, a mí que me importa, a mí que me toca? El típico yoyito, centro del universo, que en su delirio de grandeza imagina que, si él no es feliz, la tierra va a dejar de rotar y el sol se va a apagar.

3. Los Animales. Forman el grueso de la población. Si prefieren pueden llamarlos Las Bestias, o de cariño Los Animalazos, es lo mismo. Su principal característica es que viven la vida de las tres C, el come, caga y coge. Mientras esto no les falte ellos están conformes y "felices". Son incapaces de tener iniciativa para crear sueños y proponerse metas. De nacimiento traen limitaciones y

deficiencias, no van más allá de realizar funciones instintivas; su alma está muerta y su mente no logra expresarse por sí misma. Necesitan ser guiados en hordas para sentirse seguros. Hay que mostrarles el camino, decirles lo que necesitan, lo que tienen que pensar, lo que tienen que sentir. Los objetivos de su vida se limitan al consumismo y a matar el tiempo; así, sus grandes aliados son la televisión, el celular, el gimnasio o cualquier otra pendejada que llene su vacío interior. Son el blanco principal de la publicidad encaminada a homogenizar y masificar, como si fuera una virtud el vivir arrecholados como ganado. Por ello es muy fácil diferenciar a los individuos de este grupo, entre más cerca esté su nivel mental del de los animales, más necesidad tienen de pertenecer a un rebaño. ¿Se han percatado del comportamiento de las multitudes que llenan los estadios? No obstante, los mejores de este grupo son seres útiles pues realizan actividades relevantes para el bienestar social, y si bien son secundarias, esto de ninguna manera es demeritorio, basta considerar la humilde y silenciosa labor que realiza un buen plomero, liberando a la humanidad de toda su mierda. En el fondo de este estrato están los pendejos: Individuos banales, dóciles, indolentes, totalmente equiparables a un animal. Y es que ser un pendejo, lo que la gente común llama un pendejo, es una verdadera tragedia. Y ya saben, no hay nada peor que un pendejo con iniciativa.

4. Los Desventurados. Estos son los olvidados de dios; los que, si existiese un mínimo de compasión celestial, ni siquiera deberían de venir al mundo. La mayoría nace con defectos físicos o mentales irremediables que les van a impedir vivir con plenitud. A veces su condición es resultado de una enfermedad o un accidente en etapas posteriores de la vida. Los más desdichados muy apenas pueden compararse con un vegetal. No tienen la capacidad para sobrevivir en la Naturaleza. Por sí solos morirían a corto plazo, si bien les va; de lo contrario están condenados a una vida miserable e infeliz. Es contra ellos que el hiperhumanismo actual se ha ensañado. Desde la intoxicada perspectiva de una bondad

desbocada y envilecida, pretenden que hay que preservar la vida por la vida misma, sin tomar en cuenta la calidad de vida. Esto es muy fácil cuando no es uno el que está postrado de por vida en una cama o el que no puede tener una relación social normal. O cuando no es uno el que lleva la carga emocional y económica de tener que convivir con alguien con estas limitaciones. A todos esos súper misericordiosos debería obligárseles a ponerse a cargo de su cuidado y manutención; enfrentarlos a la realidad para ver qué tan piadosos son en verdad. En nuestro enfermizo pseudo humanismo hemos llegado al extremo de considerar que es más humano engañar la esperanza, incluso si ello aumenta el sufrimiento, alargando una horrenda y dolorosa agonía, y desgastando afectiva y monetariamente a las familias, en lugar de permitir una muerte digna aceptando simplemente las leyes naturales. Despotricamos contra la eutanasia, aunque el enfermo mismo la pida como único escape a su condición, y, sin embargo, permitimos el grotesco enriquecimiento de los comerciantes de la salud a costa de prolongar artificialmente la mísera existencia de pacientes desahuciados. ¡Qué inmundicia de moral hemos creado!

5. Los Costales de Mierda. Su nombre lo dice todo. Son seres huecos cuyo cuerpo es simplemente un recipiente, un costal repleto de cagada. Nacen con el alma muerta, y lo poco de mente que tienen sólo alcanza para generar ideas perversas. Aunque constituyen una pequeña parte de la sociedad, son los más nocivos y malvados. Frívolos y egoístas, sin capacidad para amar o crear verdaderos sueños e ideales, su insaciable avaricia los abisma en el materialismo sin encontrar jamás la paz espiritual. El poder vano, el dinero, las comodidades, son sus únicos objetivos en la vida, no importa si para conseguirlos hay que dañar a los demás. Necesitan el servilismo y la admiración de otros imbéciles para sentir que valen algo, para contrarrestar sus complejos y prejuicios, y acallar la consciencia de su propia inferioridad. Sus exponentes más "ilustres" son los malhechores,

los políticos corruptos y muchísimos adinerados. Ya lo decía Balzac: "Detrás de toda gran riqueza hay un gran delito". La gran ventaja es que es muy fácil identificarlos; la inmensa mayoría andan impecablemente vestidos con un traje reluciente y una corbata inútil e idiota en el pescuezo, que los hace sentirse la personificación de la elegancia. ¡Ah! Y a muchos de ellos les encanta jugar al golf. Estos distinguidos uniformados han ocasionado las más horrendas y crueles calamidades que la humanidad haya conocido jamás.

Desviémonos un poco para abordar una cuestión crucial. Con tantos insignes psicólogos interpretando y reinventado la realidad a su antojo, por ignorancia se ha tomado como verdadero el concepto de que el delincuente se hace, no nace; para justificarse, han elaborado una ristra interminable de culpables. Esto ha servido de pretexto para que los piadosos defensores de los tergiversados derechos humanos y los vanguardistas hiperhumanos arguyan que son víctimas de su medio ambiente, de su miseria, de sus familias destrozadas. Pero basta un simple hecho real y el sentido común más elemental, para desmentir todas estas pendejadas de la pseudo ciencia que necesita tener pruebas de lo obvio. Si estos factores fueran la causa real de la maldad, no habría un solo individuo rico, de buena familia, que fuera malo; y ni un solo pobre sin familia, que fuera bueno. La historia está llena de relatos de gente humilde, incluso huérfanos, que en épocas terribles lograron sobreponerse a todas las adversidades para ser útiles a la sociedad. Lo malvado, esa tendencia perversa a perjudicar a los demás se trae de nacimiento. El delincuente NACE, no se hace. Igual que el esquizofrénico o el depravado que le gusta andarse cogiendo a las gallinas, el criminal trae una afección cerebral congénita. Pero aquí se agrega un factor importantísimo: En la gran mayoría de los cerebros de malhechores se ha encontrado un defecto anatómico palpable, REAL, que condiciona su comportamiento antisocial. O sea, es un ser con fallas y deficiencias anatómico-fisiológicas e incluso genéticas que lo predisponen a una conducta malévola. Es un caso similar, pero en el extremo opuesto, al de los genios, ¡que ya nacen con esa facultad! Y no hay manera de enseñar a alguien a ser genio, sea rico, pobre o de sangre azul, aunque en nuestra tonta y corrompida lógica hoy pretendamos hacerlos a martillazos. Y sí, la realidad es arrolladora e innegable, no sólo hay hombres y mujeres de segunda, sino hasta de cuarta y de quinta, que no tienen, ni NUNCA alcanzarán, el nivel humano. Por ello resultan vanos los esfuerzos y el desperdicio de recursos para "rehabilitar" a los criminales. Es estúpido creer que se van a reformar con la simple amenaza de que, si siguen decapitando gente, ¡el chamuco se los va a llevar al infierno!

El mito de los derechos humanos sólo ha servido para permitir que sobrevivan los mediocres, los ineptos y los pusilánimes afectando gravemente a la sociedad. Es de urgencia vital hacer una Declaración Universal de los Deberes Humanos donde se consignen claramente los requisitos que hay que llenar para ser considerado como Ser Humano. Y es que como en toda cuestión de salud, el mejor remedio es la prevención. Igual que sucede con el cuerpo humano, estos parásitos inservibles debilitan la sociedad y no desempeñan ningún papel productivo para compensar los beneficios que obtienen al vivir del esfuerzo de los demás. El punto clave es impedir que lleguen a ocupar puestos de mando donde puedan ejercer su influencia negativa, pues están dispuestos a todo para lograrlo. Nacieron para ser gatos, ¡y hasta ahí deben de llegar! Hay pocas cosas peores que un gato que se pretende patrón. La cuestión es tan simple como cuidar de un jardín. Para que puedan germinar el césped, las flores y los frutos, hay que arrancar de raíz, incesantemente, las malas yerbas para que no lo invadan y lo destruyan, no hay manera de reformarlas ni sobrellevarlas. Podar sólo las hojas es inútil, la solución implica una labor constante y a fondo. La pena de muerte es indispensable, NO COMO MÉTODO DE DISUASIÓN, ¡sino para exterminar plagas! La lucha contra la maldad es algo permanente. La gente perversa va a seguir naciendo y es necesario implementar mecanismos para detectarla y erradicarla a la mayor brevedad posible, antes de que empiecen a dañar a la sociedad, o las consecuencias serán lamentables y hasta irremediables. Un ejemplo muy ilustrador: Los pandilleros. Nada más repulsivo y cobarde que un ser que es capaz de agredir con premeditación, alevosía y ventaja a una persona indefensa. Esto no es una travesura de juventud, es una mente retorcida y malvada. Toda sociedad tiene la obligación de deshacerse de ellos cuanto antes. A los autores de crímenes graves hay que ejecutarlos de forma sumaria, sin importar su edad, no hay otra opción. Es mentira que tengan arreglo. Se trata de liberar a la sociedad, y de pasada al pobre planeta, de tanto cerdo inmundo. A los que cometan crímenes menores puede dárseles una oportunidad de rectificar castigándolos con trabajos forzados para resarcir un poco el daño que han hecho, lo que además sirve para que descarguen sus energías y no estén de holgazanes en una celda. No olvidemos que el ocio es el origen de todos los vicios. Hay que eliminar las cárceles; más ahora que se han convertido en un lucrativo negocio. No corrigen nada; son sólo un foco de corrupción y verdaderos centros de operación y reclutamiento de los grupos delictivos. Es inaceptable que, además de tener que padecer los perjuicios que ocasionan, haya que soportar el lastre económico de mantenerlos, desperdiciando recursos que se aprovecharían mucho mejor apoyando a gente sana con expectativas futuras más prometedoras. Ese debería ser el papel de dios: Ir extirpando la mala yerba. Pero el güey se hace pendejo, y ha sumido a la humanidad en el caos. Ante su flagrante omisión, nos toca a nosotros tomar la responsabilidad de crear procedimientos jurídicos para combatirlos y evitar su propagación. Un criminal no es un Ser Humano. Si consideras que un secuestrador y asesino es lo mismo que Pasteur o Madame Curie, el que está mal y enfermo eres tú. ¡Punto! Si ese fuera mi concepto del Ser Humano, hace mucho que me hubiera arrojado del puente más alto de mi rancho.

Enfoquémonos en otro gravísimo problema que ha ocasionado inconmensurables quebrantos a la humanidad. La adaptación al medio ambiente conlleva transformaciones físicas y fisiológicas para soportar las diversas condiciones climáticas creadas por la geografía. Esto dio origen a las razas, que terminaron viviendo en los sitios más adecuados según sus características corporales. La invención y mejora de los medios de transporte permitieron el desplazamiento de los grupos a zonas vecinas, en un principio para comerciar. Pero la desenfrenada ambición de dominio inició deplorables conflictos que perduran hasta nuestros días.

Estas campañas de conquista basadas en la violencia crearon la noción de que la fuerza bruta apoyada en la tecnología bélica eran símbolos de superioridad. Desde entonces los componentes humanos fundamentales, la mente y el alma, salieron de la ecuación del progreso. El estremecedor grabado del abominable asesinato de Arquímedes por un iracundo soldado romano ilustra perfectamente la idea. Es importante destacar que el concepto actual de raza y por ende el racismo surgió hacia finales del siglo XVIII. Como hemos visto, las clases sociales o castas estaban determinadas por la situación financiera, y establecían un pragmático sistema político-económico para explotar la fuerza de trabajo; de ninguna manera llevaban implícitos prejuicios raciales. De hecho, al desconocerse en aquellas lejanas épocas las leyes de la genética, ¡el color de la piel llegaba a atribuirse incluso a la alimentación de la persona! Hoy en día las condiciones han cambiado radicalmente. Hemos llegado al inconcebible extremo en que las gentes se consideran superiores sólo por tener la piel y los ojos claros, sin importar que tengan el alma exánime y la mente hueca. ¡Qué descomunal estupidez!

La justificación es que fue en estas comunidades de gente blanca donde surgió la civilización moderna, el gran avance logrado por el desarrollo tecnológico, ¿recuerdan la genial "Revolución Industrial"? Lógicamente, cierran sus claros ojos a los estragos que este grandioso "progreso" ha ocasionado. Su orgullo es haber llenado de mierda la tierra. La realidad es absolutamente fehaciente. Cuanto más industrializada y "avanzada" es una sociedad, más tóxica es para el planeta; entre otras cosas porque permite la supervivencia de mediocres e imbéciles cuyas necesidades son mayores y más nocivas; son ellos los que dan vida al consumismo. Uno de los escasos estudios de sostenibilidad que se han realizado arrojó resultados abrumadores: Si por arte de magia se lograra que de pronto todos los habitantes del planeta tuvieran el mismo nivel de vida que en los países "ricos", los recursos naturales de la tierra se agotarían, ¡en menos de una década! Así de aterrador es el despilfarro. De hecho, la raza blanca es biológicamente más lábil, de ahí su necesidad de modificar su entorno para poder sobrevivir. El caso extremo de la mutación de los albinos pone de manifiesto irrebatiblemente la fragilidad biológica de la piel blanca. Irónicamente, el abuso de la tecnología la ha hecho aún más lábil. Por el contrario, los denigrados pueblos indígenas de la tierra, razas chaparritas de piel obscura, incapaces de *"mejorar sus condiciones de vida"* inventando tecnologías fabulosas. Que no cuentan con electricidad, ni autos ni refinados artefactos; que han aprendido a vivir en equilibrio con su medio, tomando sólo lo necesario; demuestran una asombrosa capacidad de adaptación que, en efecto, es un grado máximo de evolución que, en nuestra obtusa concepción del progreso, ya ni siquiera nos atrevemos a soñar. Conforme el deterioro ambiental aumenta, este logro se hace más evidente e invaluable. Es esta adaptabilidad la que cuenta en el mundo natural y los hace biológicamente superiores, pues los faculta para sobrevivir. Dos ejemplos apabullantes: Cuando las grandes superpotencias han invadido países "pobres" con sus engreídos ejércitos, súper equipados con armamento ultra sofisticado, los ha puesto en jaque una tropa de "muertos de hambre" mal aprovisionados, ¡y los han derrotado! Y qué decir de las comunidades indígenas cuyos deportistas mal nutridos, usando sus atuendos típicos, vencen a los loados atletas de alto rendimiento, sujetos a un entrenamiento y a una dieta profesionales, con equipamientos de última generación. Aparte de ser una adaptación al medio, las características físicas nada tienen que ver con el desarrollo intelectual y espiritual de una persona. Al igual que en la sociedad en general, en todos los grupos raciales hay un puñado de gente brillante y un chingo de pendejos.

Estamos rompiendo una de las leyes más fundamentales de la Naturaleza: Únicamente los más capaces, los mejor adaptados, deben sobrevivir. Precisamente por ello, la sobrepoblación de la tierra se ha convertido en un gravísimo problema. Los grandes hiper humanistas de nuestra época han condenado cualquier intento de disminuir la población, considerándolo un atentado contra nuestra propia existencia pues si se llega a un punto crítico estaremos condenados a desaparecer. Volvamos de nuevo a la realidad. Los cálculos más optimistas sugieren que en la época prehistórica la población de toda Europa era de unos treinta y dos mil individuos divididos en pequeños grupos; ¡les tomaba años encontrarse unos con otros! Y, sin embargo, hoy vemos los resultados: Una sobrepoblación espantosa. Esta obsesión por el "progreso" la hemos extrapolado a nuestra propia condición, y ahora queremos ser más humanos que el Ser Humano. Pero lo inhumano es no aceptar la muerte, inhumano es salirse del orden natural, inhumano es pretender que somos dioses, dueños del Universo. En un mundo donde mantenerse vivo requiere un gran esfuerzo, no tenemos derecho a ser tan imbéciles. La Naturaleza exige un mínimo de cualidades para merecer la vida. Ciertamente tenemos derecho a querer vivir como animales, pero entonces no podemos exigir ser tratados como si no lo fuéramos. Y si finalmente sólo vamos a vivir como cerdos, procuremos al menos no ser tan nocivos. Es urgente disminuir el consumo de productos perniciosos y contaminantes, comenzando por los plásticos. El plástico biodegradable no existe, es una vil mentira. Es un polímero artificial fuertísimo y no hay ningún mecanismo biológico para degradarlo; usado como envoltura de alimentos es dañino en extremo y uno de los causantes del incremento del cáncer. Todo indica que la Naturaleza ha empezado a poner un límite al "gran progreso de la civilización". Es el momento de evaluar el deterioro; de reflexionar y actuar para evolucionar verdaderamente. Nuestra arrogancia nos ofusca; seguimos hundidos en el obscurantismo como en la Edad Media, y lo más grave e inconcebible es que las ataduras son las mismas. Hay que desafiar la inercia de una ideología completamente fuera de toda lógica y sensatez. Podemos comenzar por estrenar la mente y el alma. Respetémonos a nosotros mismos y aspiremos a convertirnos en Seres Humanos. ¡Vamos a escapar de las tinieblas!

CAPÍTULO VII

El Toro De Los Huevos De Oro

La Trampa de la Irrealidad

¡Ni siquiera quita lo idiota! Tampoco refina la sensibilidad ni te vuelve un sabio. Menos aún le da sentido a la vida; por el contrario, estrecha tanto tu visión que terminas abismándote en la frivolidad. Aquellos de mi generación probablemente recordarán la foto de un anciano supermillonario; el hombre más rico del mundo en esa época, si mal no recuerdo, comiendo él solo en una mesa descomunal. Qué trágico que, a esa edad, nuestra concepción de la existencia gire sólo en torno al dinero. Invertir la vida en hacerse millonario es la demostración más denigrante de un rotundo fracaso como Ser Humano. ¿De qué sirve tanto empeño, para terminar convertido en un cerdo? Y es que para hacerse rico no es necesario ser inteligente. Si eres chambeador y tienes un poco de disciplina y dedicación, hasta vendiendo tacos puedes ganar mucho dinero honestamente. O un golpe de suerte te puede llevar a un invento o un descubrimiento muy cotizado, aunque no sea algo genial. Por otro lado, puedes hacerlo a carretadas, de forma ilícita, si tu cinismo, perversidad y vileza te lo permiten. Es cuestión de conocer y hacer jugosos "negocios" con un gobernante corrupto o volverte criminal, aunque son casi lo mismo. Lo que no entendemos es que no por ser millonario se deja de ser un mediocre. El endiosamiento de sí mismo lleva al egoísmo extremo y al absurdo del materialismo. Si no se tiene la menor idea de cómo vivir la vida y valorar lo realmente importante, nunca se va a alcanzar la felicidad. El dinero no llena el vacío del alma. De hecho, si se compra con dinero, es, simplemente, algo que no vale la pena, las cosas trascendentales son gratis. La historia nos demuestra que la opulencia y la vanidad acaban por transformarnos en bestias insaciables. Ciertamente, viviendo en una sociedad materialista, la libertad económica es esencial pues sin recursos, por más que te pares de cabeza, no tienes independencia. Precisamente para eso sirve el dinero, para escapar del consumismo. Y no se necesita tenerlo a montones para nadar en él, como el pato de la chistera. Una característica que tienen en común los pendejos, los mediocres y los malvados es su obsesión por ver la vida únicamente como una cuestión de acumular riquezas. Conscientes de su nulidad, intentan escapar de sus frustraciones y complejos rodeándose de lujos triviales para persuadirse de que el mundo está a sus pies. Necesitan vivir en la fantasía porque su realidad les es intolerable. Basta recordar el refrán del tipo aquel que era tan pobre, tan pobre, que lo único que tenía era muchísimo dinero; y una enorme mesa vacía.

En una civilización enferma, con un concepto deforme del progreso, la noción de una economía sana depende del consumo desmedido de productos no sólo vanos, sino dañinos para el planeta. Sólo hay que entrar a uno de esos grandes almacenes, emblemas de nuestro gran avance, donde los estantes están repletos de artículos superfluos y francamente inútiles. Pero el consumismo es lo que da vida a nuestra sociedad. Por eso se gastan sumas estratosféricas en publicidad, cada vez más subliminal, para condicionar nuestro criterio. Y es tan efectiva que, no sólo se nos ha convencido de que es normal vivir como esclavos, sino que bien vale la pena ser esclavo para disfrutar de todas las "modernas comodidades" que se nos brindan, no importa que tengamos que hipotecar la única vida que tenemos.

Consideremos los indicadores que se utilizan para evaluar la salud de la economía de los países: El Producto Interno Bruto (PIB) o, peor aún, el PIB per cápita. Estos parámetros sólo miden el valor en el mercado de todos los bienes y servicios producidos en un determinado año; en ningún momento se toma en cuenta la calidad de vida o el bienestar de una sociedad. El PIB de "las choyas" simplemente suma todas las ganancias obtenidas en las actividades comerciales de un país, y las divide entre el número de habitantes del mismo, como si cada uno de ellos fuera dueño de ese capital. En la realidad, los beneficios se los llevan las grandes empresas; a cada individuo sólo le toca un sueldo exiguo y una buena chinga. Pero, si el PIB se incrementa, y las empresas aumentan sus ingresos y se hacen más ricas, el país va viento en popa. ¡Así evaluamos el progreso! La verdadera riqueza de un país no se mide por el número de magnates que genera sino por las condiciones socioeconómicas de los que menos tienen. ¿Cuántas gentes de escasos recursos tienen acceso a la salud, a la educación? ¿Qué tanto satisface las necesidades básicas de una familia el execrable salario mínimo? Y es que, en economía pura, no existe una sola razón por la cual deba establecerse un salario mínimo. Lo único que lo justifica es la voracidad, la avaricia y la maldad de los pseudo empresarios que quieren todo el beneficio para ellos. Tener ganancias exorbitantes, totalmente injustificadas, por el supuesto esfuerzo que hacen. Se ha promovido ampliamente la idea de que los empresarios son personas muy inteligentes, sabias y audaces, dignas de admiración. La verdad es que los hombres de negocios honrados y con una capacidad real para el manejo de la economía y las finanzas son los menos; la inmensa mayoría son verdaderos criminales disfrazados que se han valido de sobornos, fraudes o contubernios con políticos corruptos para obtener sus fortunas. Llegan incluso a comercializar inventos o productos tóxicos con tal de desarrollar sus "empresas", sin ninguna consideración por la salud o el medio ambiente, ¡con el aval del gobierno! Convenientemente, han fomentado la creencia de que su sola presencia, por un milagroso efecto, hace que la empresa sea productiva y exitosa. El trabajo que desempeñan los empleados, sus horas de esfuerzo, su compromiso, dedicando incluso la vida entera a la compañía, todo eso no tiene ningún impacto positivo sobre el auge que logre la misma. Y todavía hay que venerarlos y agradecerles su gran contribución generando "empleos" que no van más allá de tratar a la gente como esclavos. Siempre me ha asombrado el cinismo de estos cerdos. ¿Cómo pueden darles de comer a sus hijos con dinero malhabido sin tener remordimiento alguno? Su mezquindad llega a grados inverosímiles. Por más que ganen, los "exitosos empresarios" nunca están satisfechos. Son insultantes los reportes de las millonarias ganancias anuales, ¡y hasta diarias!, de las compañías. Pero no pueden renunciar a una pequeña parte de estos enormes ingresos para aumentar el sueldo de los empleados, y ayudarlos a mejorar sus condiciones de vida. ¿¡Para qué quieren tanto dinero!? Son fortunas que no se van a acabar en generaciones. ¡Qué codicia tan abyecta!

El salario mínimo debe asegurar el bienestar de las familias, proveerlas de lo que la gente pide a dios en las iglesias: Salud, casa, vestido y sustento. Después de todo, un trabajador con una existencia estable va a rendir mejor. Y si no tenemos la capacidad de verlos de otra manera, hay que imaginarlos como vacas en un establo, ¡entre mejor cuidadas estén, más leche van a producir! En un mundo humano y justo, el salario de un trabajador debe depender de sus capacidades y las funciones específicas que desempeña, y estar directamente ligado a las ganancias que obtiene una empresa, pues su trabajo es una pieza crucial para lograr tal prosperidad. Quita a un directivo y no pasa a nada, quita a un empleado de la cadena productiva y se desata el caos. Así de simple. Es indiscutible que la mediocridad y la ignorancia de un individuo van a ser factores esenciales para determinar el grado de progreso que logre alcanzar, pero el ingreso de toda la plantilla laboral no debe ser menor al treinta por ciento de las utilidades netas; lo que aún le deja una muy buena tajada al propietario. Y es indisociable una mayor tasa impositiva a ingresos superiores a un cierto margen. Una sociedad con mayor poder adquisitivo favorecería una economía más dinámica y generaría más riqueza para todos. Sólo hay que ver lo que sucede en Navidad, cuando todo mundo recibe dinero. Es inaceptable que, a pesar de dar su mejor esfuerzo, una persona no logre siquiera satisfacer sus necesidades básicas, y deba consumir su vida en vano, prisionera de una situación de la que no hay escape posible, y que, finalmente, la va a llevar a hundirse en la frustración y el rencor. ¿¡Y, aun así, nos consideramos seres humanos!?

Esta cuestión del salario mínimo ilustra perfectamente cómo un gobierno, que se supone que sólo es un servidor público, se corrompe y deja de lado su función de velar por el bienestar del pueblo, para permitir que los poderosos opriman a los jodidos. Este contubernio entre políticos, adinerados y religiosos, unidos para ampliar y conservar su poder es lo que ha estropeado todos los esfuerzos para hacer progresar a la humanidad. Emperadores, tiranos, ¡y hasta reyes por designio divino! Doctrinas van, doctrinas vienen y todo ha sido inútil. No logramos concretar un sistema de gobierno que nos permita avanzar. No sólo es cuestión de que sus líderes y sus objetivos se pervierten; la razón fundamental es que queremos establecer nuestras propias reglas basados en lo que consideramos correcto, o, peor aún, en lo que nos conviene. Estas perspectivas son insostenibles. Nuestra arrogancia pretende ignorar que las leyes, primero, como requisito inapelable, deben estar cimentadas únicamente en la Naturaleza y, segundo, deben tener un auténtico sentido humano, analizando y sopesando las circunstancias reales.

Así, como resultado de nuestra ofuscación e ignorancia, nacieron corrientes ideológicas como el socialismo y su variante radical el comunismo. Sistemas socioeconómicos cuyo falso principio es la necedad de que todos somos iguales, que todos tenemos los mismos derechos, y todos merecemos lo mismo. De ello se deriva que hay que suprimir las clases sociales y los bienes deben pertenecer a la colectividad. Con este defecto estructural elemental, tales doctrinas están destinadas al fracaso. Tenemos muchos ejemplos de los estragos que se suceden cuando esa masa amorfa llamada "el pueblo" asciende al poder. ¿Qué más se puede esperar cuando gente incompetente y mediocre toma el mando? Sabiamente nos lo advierte el ominoso proverbio: Dale poder a un ignorante y crearás un monstruo. ¿Han oído hablar del "Reinado del Terror" tras la Revolución Francesa o de la "Revolución Cultural" en China? Cabe aquí mencionar la estupidez de las rimbombantes "Revoluciones". No sólo trastocan la paz y el bienestar social, al final, ni siquiera resuelven los problemas de raíz; otros cerdos igual o peor de perversos terminan apoderándose del gobierno. Los dictadores, potentados o monarcas, cuya ambición rapaz origina el problema, por lo general, encuentran la manera de salir bien librados, y con el tiempo vuelven a disfrutar de sus privilegios. Las clases pudientes siempre unen fuerzas para mantener el control, mientras la desordenada muchedumbre de miserables es la que sufre la devastación y las masacres. La única manera real de resolver el problema es eliminando a esos seres malvados sin tanto alboroto, calladamente, uno por uno. No van a cambiar; su mente está, ya, trastornada por el poder. Sólo hay que imaginar lo que hubiera sucedido si alguien hubiera tenido los huevos para matar a Hitler al inicio de su carrera política, aun a costa de su propia vida.

Del lado contrario, el capitalismo se asienta en el concepto de la propiedad privada y el consumo como generador de riqueza económica. Esto supone que, dependiendo de las capacidades y el esfuerzo de cada persona se va a alcanzar un cierto nivel en la calidad de vida. El gobierno debe intervenir al mínimo y las fuerzas del mercado marcarán la tendencia del consumo y, por ende, las ganancias. Según la teoría, conforme las condiciones de bienestar mejoren para los individuos en la cima de la pirámide social, este beneficio deberá ir permeando hacia abajo, a las clases menos favorecidas. Pero es mentira. En la realidad, la riqueza no la alcanzan los más esforzados y capaces, sino los corruptos y los vivales; y su ambición desmedida acapara la riqueza generada e impide que los beneficios se extiendan a toda la población. Y es que el sistema, de forma intrínseca, no está concebido para promover el bienestar social general, necesita que haya desigualdad para poder funcionar; sin embargo, la avaricia desaforada ha ocasionado una brecha abismal que llega a extremos vergonzosos. Pero la defensa de ideologías, valores o dignidades no está incluida en el catálogo de prioridades de esta doctrina; el dinero lo es todo, hacer negocios, aunque sean turbios, para ganar tanto como se pueda, engañando a la mayor cantidad posible de pendejos. Por ello los salarios miserables destinados a esclavizar, pues sólo con esclavos puede sobrevivir el sistema. Lo que menos se pretende es que la gente progrese económicamente pues la pobreza es la mejor herramienta de subyugación. A ello se agrega, dejando fuera toda consideración de las fuerzas del mercado y las prácticas legales, la publicidad malsana para incentivar el consumo desmesurado, el derroche irracional, y los monopolios que quieren acapararlo todo; destruyendo impunemente el esfuerzo familiar de muchas generaciones. La homogeneización industrial es precisamente uno de los atentados más brutales contra la creatividad humana. Es lo opuesto al trabajo artesanal que dio sustento e independencia a incontables talentos. ¿Les dice algo Stradivarius, Limoges, Bacará? Toda la fascinación de la diversidad del mundo perdida en aras de la uniformización a ultranza para permitir la supervivencia de la mediocridad y la estupidez. Con una meta materialista como fundamento y objetivo de la vida, sustentada en la obsesiva modernización y robotización de la producción, espoleadas por la codicia y una mórbida perversidad, la encomienda de conseguir el avance social con este sistema es irrealizable. Somos la civilización del desperdicio donde todo es desechable, hasta la vida humana. Y ni qué decir de la contaminación y el despilfarro de recursos naturales que produce el dichoso "progreso". La ciencia y la tecnología deben concebirse como herramientas auxiliares para situarnos en el mundo real y ayudarnos a cumplir una función útil en la tierra, nada más. ¿Quién les concedió el derecho a destruir la Naturaleza para satisfacer su codicia? ¿Cómo hemos llegado a tan alucinante enajenación? Qué difícil es despertar la consciencia cuando hay tantos intereses que buscan apagarla.

Analicemos ahora nuestro último experimento "modernista". Un logro muy difundido en Occidente que nos brinda gran complacencia y jactancia como sociedad de vanguardia: La democracia; la cual busca limitar las facultades del gobierno y otorgar más poder a los ciudadanos. Ésta exige que la gente sea responsable, preparada, comprometida y participativa. De entrada, ya encontramos un obstáculo colosal. Una vez más, la importancia de saber elegir para tener derecho a elegir. Más aún, ante el panorama de una sociedad conformada en su mayor parte por gente ignorante, mediocre y apática, el hecho de que los gobernantes se elijan por la opinión de la mayoría, "¡porque la mayoría siempre tiene la razón!", implica una falla inherente, mortal, que, por principio, predestina al fracaso tan ilusorio proyecto. Esto quedó demostrado en la cuna misma de esta corriente de gestión política: Atenas. Cuando las muchedumbres anónimas y convenencieras vendieron su voto, el sistema colapsó. Eso fue hace miles de años; hoy lo traemos otra vez como novedad, y nos enfrentamos de nuevo a los mismos desatinos; las consecuencias de olvidar el pasado. La democracia, simple y sencillamente, no existe en el mundo natural. Es inadmisible el subvencionar la mediocridad. El problema ha sido, desde siempre, la manipulación de las masas caóticas; y no se necesita recurrir a la violencia para lograrlo. Un punto muy significativo a destacar es que en los regímenes que consideramos totalitarios y represivos, con un control severo de sus ciudadanos, se presentan con regularidad manifestaciones de descontento y disidencia, incluso cuando ello conlleva un castigo ejemplar como la prisión o la muerte. ¿Saben cuántas protestas hay contra el sistema de gobierno en los países que se ufanan de ser libres? NINGUNA. A pesar de la miseria, el hambre, la falta de acceso a los servicios de salud o educativos, y muchas otras penurias, nadie protesta; comprar una buena oferta o ver un partido de futbol es suficiente para consolarnos. Pan y circo, como los romanos hace milenios. Somos el arquetipo perfecto de una sociedad con conciencia nula y criterio yerto.

Y poniendo los pies en la tierra, para consolidar un régimen de gobierno efectivo, aparte de fundamentarnos en la Naturaleza y nuestra condición humana, hay que instituir una norma inviolable: El poder político debe estar, total y obligatoriamente, separado del poder económico, y más aún del poder religioso. Sin estas condiciones no hay posibilidad alguna de tener éxito. Es imperativo establecer reglas claras que impidan que quienes encabecen los gobiernos acumulen toda la autoridad y la riqueza. El poder ejecutivo nunca debe estar concentrado en una sola persona, un triunvirato sería lo ideal; los consejos de ancianos de las antiguas y actuales culturas indígenas son el mejor ejemplo a seguir para tener gobernantes más involucrados y confiables. Y debe estar conformado precisamente por personas mayores pues la experiencia es insustituible, por más que los jóvenes se pretendan muy capaces y vengan cargados de títulos y diplomas. Uno de los escollos más infranqueables que ha impedido nuestra evolución es la soberbia del hombre en su juventud. Cada generación pretende crear un mundo "nuevo y mejor". En lugar de dar el siguiente paso aprovechando el cúmulo de sabiduría que la humanidad en su conjunto ha atesorado en el curso de milenios, la desdeña, y se condena a sí misma a repetir añejos equívocos.

En el poder legislativo, aunque la toma de decisiones por una asamblea general con voto directo es deseable, en los países actuales, con tantos habitantes, es impracticable; por esta razón, la selección de representantes auténticamente comprometidos es primordial. En definitiva, la elección de un aspirante a cualquier cargo gubernamental debe ser resultado de una votación; pero el buen funcionamiento de cualquier sistema electoral depende de la **calidad de sus votantes.** No todos tienen derecho a votar porque no todos tienen la capacidad intelectual para decidir lo más conveniente para un país de acuerdo con las circunstancias políticas, sociales y económicas tanto internas como externas. La gente que desee votar debe ganarse el derecho, cumpliendo primero con la obligación de prepararse para poder emitir un juicio reflexionado y no sólo velar por sus intereses. Tan simple como obligarlos a presentar un examen sobre temas claves como economía, ciencias sociales y de la salud, geografía, historia, ética, para evaluar sus aptitudes. El que lo apruebe se gana el derecho a votar. Y lo mismo debe aplicarse para los aspirantes a los cargos públicos. Es indispensable la creación de una licenciatura que enseñe a ser un buen gobernante; pero no las actuales ciencias políticas o administrativas que son un verdadero insulto a la inteligencia. Hay que establecer una carrera, de unos dos años, adicional a una profesión por lo menos técnica, que esté totalmente enfocada a la gestión gubernamental. Solamente los que la aprueben con altas calificaciones podrán aspirar a ocupar un puesto en el gobierno pues es indispensable que estén bien preparados e informados para tomar decisiones. Es necesario legislar para que los grandes millonarios, los que reciben incentivos económicos del estado, los delincuentes y los ignorantes sean vetados de cualquier decisión de gobierno como mecanismo esencial para evitar la corrupción, y poder beneficiar realmente a toda la comunidad. El cabildeo, que no es más que un vil soborno, debe prohibirse y clasificarse como lo que es: Un crimen perverso. Una consideración final de trascendencia capital, el sueldo de los empleados de gobierno debe estar ligado a los ingresos de las clases bajas de la pirámide social. Esta es una herramienta decisiva para tratar de asegurar la vocación de los servidores públicos. No es legal que quieran conseguir un cargo administrativo para enriquecerse con el esfuerzo de los demás; suficiente desgracia es soportar el flagelo de la burocracia. El día en que el estar sentado en una oficina, haciéndose pendejo, se consideró como trabajo, la humanidad se jodió para siempre. En concordancia con los preceptos naturales, sólo las personas más capaces deben ascender a los puestos de liderazgo para tomar las decisiones más convenientes y lograr un verdadero avance como sociedad. Esto implica, también, que es imprescindible dar solución definitiva a los motivos primordiales de conflicto en toda comunidad humana: La falta de una auténtica consciencia social y la injusticia. Si no trabajamos juntos por el bien común, todos salimos perdiendo.

Examinemos nuevamente la Historia. Dada nuestra prejuiciosa renuencia para lograr un verdadero progreso social, y nuestra admiración por la frivolidad y la preeminencia del poder y la riqueza como reflejo de nuestros propios complejos y frustraciones, desde la antigüedad se ha permitido que seres realmente abominables ocupen posiciones hegemónicas, provocando monstruosas calamidades. Tenemos toda una serie de glorificados y triunfantes conquistadores que no eran más que asesinos despreciables que saqueaban, violaban y arrasaban los pueblos sólo para satisfacer su codicia y sus pervertidas ansias de dominio. Tipos enfermos que, sin embargo, son considerados como los grandes personajes heroicos de la historia, a quienes hay que idolatrar. ¿Han oído hablar de Gengis Kahn, de Alejandro Magno, de Julio César y tantísimos otros? Así de trastocados están nuestros valores. Aquí es imperativo consignar el vergonzoso y deleznable papel que han jugado los ejércitos del mundo a través de las épocas al apoyar a estos tiranos inmundos. Gracias a la servil complicidad de tantos patriotas despistados, ese hatajo de cerdos pudo esparcir su nociva influencia por todos los rincones del planeta. Hoy, con la industria armamentista como sostén de la economía de las grandes potencias, el avance de la tecnología bélica y su capacidad destructiva han llegado a grados aberrantes. Armas terroríficas que permiten masacrar impunemente a mujeres y niños indefensos desde la ignominiosa seguridad de un avión o de un navío, escudándose en el ruin argumento del daño colateral para justificar tan indescriptible sufrimiento. Lo más inconcebible es que, a pesar de tales infamias, estos cobardes todavía pretender ser considerados como héroes. Muy lejos están los tiempos de los auténticos guerreros que espada en mano luchaban cuerpo a cuerpo contra sus iguales, para demostrar su verdadera hombría o defender sus ideales.

El mundo natural tiene una cadencia pausada que no sólo permite comprender y ponderar, sino también disfrutar de la vida a cada paso. Las cosas maduran y suceden a su tiempo, y si por una necedad banal tratas de acelerarlas las vas a estropear. Sí, la paciencia es una virtud. Hace mucho que olvidamos el placer vital de la contemplación, el hecho de sentarse tranquilamente a admirar el paisaje, a sentir el viento, a escuchar la tierra. Nos han inculcado la noción de que en la Naturaleza todo es violencia y que en ella rige la ley de la selva, donde sólo sobrevive el más fuerte. Así de espantosa es nuestra ignorancia. En la selva no sobreviven los más fuertes, ni siquiera los más inteligentes, sino los mejor adaptados, los más sabios y astutos. Esto debemos entenderlo muy bien. El aceleramiento que vivimos en la Artificialeza no propicia la reflexión. Estamos enfrascados en una absurda competencia, sin tener la menor idea de a dónde vamos ni mucho menos para que vamos hacia allá; nada más corremos desbocados, como idiotas. En nuestro loco afán de querer ganarle al tiempo, de forzar las cosas, hemos disfrazado la imbecilidad de eficiencia, y la mediocridad de modernismo. Hasta modificamos arbitrariamente el horario natural para sacar el máximo provecho. Ya saben, nuestro tergiversado concepto de que el tiempo es oro. Nuestra mentalidad "vanguardista" se compendia en un dicho muy en boga, nacido de la publicidad, y que presuntamente debería motivar hasta al más apático: ¡Sólo hazlo! Nada más lejos de la realidad. Para llevar a cabo un proyecto primero hay que conocerlo, luego evaluarlo, prepararnos y, finalmente, realizarlo. La precipitación nos ha conducido a infinidad de fracasos y muy lamentables errores. Pero si se pone de moda, todos lo imitan. Jamás surge la menor duda de que estos valores tontos puedan estar equivocados. No podemos dar mayor prioridad al papel trivial que se nos ha asignado en una sociedad decadente, que se está autodestruyendo, que al que tenemos en la Naturaleza y para el cual se nos dotó con las facultades necesarias. El objetivo final es lograr una visión propia del mundo asentada en la realidad, para escapar de la manipulación y sus embusteros razonamientos. ¿Todavía te dicen algo las palabras salud, familia, libertad? Nos pretendemos muy autosuficientes y con la capacidad para innovar el mundo y ajustarlo a nuestros caprichos y deseos. Olvidamos que tenemos miles de años sobre la tierra y, en esencia, nada ha cambiado; tanta ciencia y tecnología distorsionadas no bastan, lo bestia no se nos quita. ¿No lo crees? Tan sencillo como eliminar la electricidad, como cuando llega una tormenta o un huracán. Con esa simple contingencia no sólo se acaba el siglo XXI, sino incluso el XX. Así de frágil e insignificante es el mundo maravilloso que hemos construido. Somos una grave enfermedad para el planeta. Le hemos provocado un serio desequilibrio ecológico que amenaza la vida de todos los seres que lo habitan, incluyendo, irracionalmente, la nuestra. Como la peste que, al aniquilar a su víctima, se mata a sí misma.

CAPÍTULO VIII

¡Los Horrorosos Errores!

La Neta del Estribo

En el mundo de verdad hay que aprender a vivir, ¡PUNTO! Hay dos formas de hacerlo: Por las buenas, usando la inteligencia, o por las malas, dejando que la vida te enseñe a punta de chingazos. Tú decides. El punto crucial de este aprendizaje radica, simplemente, en tomar consciencia de que estamos obligados, ineludiblemente, a **cometer el mínimo posible de errores** en nuestro paso por la tierra. Entre menos errores, menos tiempo perderemos y más lejos llegaremos, con suerte hasta alcanzamos el nivel humano. Para quien quiera evitarlos, estos son muy fáciles de identificar. La senda es muy clara, diáfana, no hay razón para confundirse ni para extraviarse. No hay ningún misterio. Sólo al incauto que se deje manipular por la publicidad se le van a complicar las cosas pues le va a crear necesidades triviales, falsas, y deberá pagar las consecuencias. Lo primero es deshacernos de tantos prejuicios y complejos ajenos, frutos de la domesticación. El destino final de la vida humana es formar parte de la harmonía del Cosmos; ¡ser útil! En ello va toda la felicidad y la satisfacción del deber cumplido que le dan sentido a nuestra existencia. La clave está en no perder el enfoque sobre los valores fundamentales, aunque tus intereses vayan cambiando de manera natural conforme la edad te hace madurar; nada de qué preocuparse. Analicemos, pues, esos errores tan horrorosos:

1. ***Apartarse de la Naturaleza.*** - Es el más grave; mortal para el alma. La Naturaleza es nuestra esencia misma; sólo en ella el Ser Humano logra expresarse y desarrollar por completo sus capacidades. Es lo único realmente válido y auténtico. Su sabiduría es irremplazable. Nada substituye la experiencia de entrar en comunión con el Universo. Sal al campo; ¡escucha el silencio! Déjate envolver por la sencillez de la vida. No te atiborres de cosas materiales; no es verdad que las necesitas para ser feliz.

2. ***Descuidar la Salud.*** – No hay tesoro más preciado; ni el oro ni el dinero, NADA vale más. Con ella vas a ser libre, vas a tener la energía para llevar a cabo proyectos, para soñar y disfrutar de la vida a plenitud. Pero, ¡cuidado! En nuestra civilización materialista está totalmente devaluada; es lo último que tomamos en cuenta. Nos quieren engañar con espejismos, promesas vanas de libertades ficticias: La tecnología, las drogas, los excesos, el ruido y muchas otras tonteras nocivas. No caigas en la trampa.

3. ***Perder el tiempo.*** - La vida es un suspiro. Es fundamental conocerse a sí mismo, y percatarse cuanto antes de la realidad, como parámetro invariable para guiar nuestro proceder. Establecer metas y plazos a la mayor brevedad posible. El estudio, la preparación, la reflexión, son primordiales. Cuantas más armas intelectuales y espirituales se tengan, la probabilidad de alcanzar el objetivo es mayor. Es inaceptable que después de los veinticuatro años, o sea una tercera parte del tiempo de vida que las expectativas actuales permiten, un individuo no tenga

aún noción de lo que va a hacer en la vida. Y para alguien al que le queda menos tiempo de vida del que ya vivió, andar todavía en el limbo es un rotundo fracaso; una escalofriante prueba de su mediocridad y estupidez.

4. ***Pretender negar la Realidad.*** - Las leyes de la Naturaleza son inamovibles. ¡No todos somos iguales! Hay que tener el valor de aceptar nuestras limitaciones, y ser el mejor dentro de los alcances de nuestras propias facultades. No pretendas ser quien no eres u obtener lo que no mereces. La autenticidad es una de las virtudes más invaluables. El alcanzar la madurez de no necesitar gratificaciones por comprometernos con nuestras convicciones es lo único que nos lleva a la felicidad.

5. ***Olvidar que primero van las obligaciones y luego los derechos.*** - El camino es duro; el esfuerzo constante, inevitable; los privilegios sólo se ganan cumpliendo deberes. Las cosas que realmente valen la pena son muy pocas y cuesta mucho trabajo obtenerlas. No esperes soluciones mágicas, fáciles o inmediatas. La perseverancia, la disciplina, el compromiso son indispensables; no hay manera de hacerlos a un lado. Y todo esto toma tiempo. Por eso, lo primordial es entender que no sólo el llegar a la meta es importante, sino también disfrutar del viaje.

6. ***Engendrar hijos antes de alcanzar la estabilidad emocional y económica.*** – En primer lugar, es esencial no tener hijos hasta pasados cuatro años de convivencia con la pareja, para dar oportunidad a que se calme la pasión, y entre la razón a evaluar cuáles son las verdaderas probabilidades de que la relación perdure por largo tiempo. ¡Para que los hijos no crezcan sin uno de los padres! Procrear un hijo únicamente porque eres incapaz de encontrar otra forma de llenar tu vacío espiritual o para amoldarte a pautas sociales absurdas, es uno de los errores más garrafales, y revela un grado máximo de egoísmo y perversidad. Y no sólo porque vas a limitar tus propias posibilidades de desarrollo personal, hundiéndote en la zozobra y la frustración, sino porque vas a condenar a tu descendencia a carencias y

adversidades, negándoles la oportunidad de tener una vida libre y plena. ¡Tanta maldad es imperdonable!

7. ***No tener la entereza para forjar su propio destino.*** - Es imprescindible evitar involucrarse con gente vulgar, idiota o perversa. Hay montones. Vagan sin sentido y jamás logran alcanzar la felicidad; sólo te van a llevar a una existencia vacua y vana, al fracaso como Ser Humano. Es estúpido buscar el reconocimiento de los demás. Sigue tu propio camino. No te dejes arrastrar por las ideologías, de cualquier tipo: Religioso, económico, político, social. Fueron inventadas por tipos malvados y sin escrúpulos, parásitos que sólo quieren aprovecharse de las masas. La moda y la búsqueda obsesiva de la belleza física son las formas más burdas y humillantes de manipulación, sobre todo si mental y espiritualmente se está hueco y deforme. La mayoría siempre será servil, sumisa, pusilánime; mediocres dispuestos a envilecerse, a arrastrarse para conseguir favores, para no luchar. Ser parte de ella es la mayor vergüenza imaginable. Si piensas como ellos, terminarás siendo como ellos. ***La esquiva y preciada libertad es uno de los anhelos supremos a que aspira el verdadero Ser Humano.*** Pero la libertad nace en la individualidad, en la soledad. Hay una regla muy simple que es infalible: Haz lo contrario a lo que hace la manada. Si te dicen que hay que probar las drogas, no lo hagas; si te dicen que hay que ver el futbol, no lo hagas; si te dicen que hay que entrarle a la tecnología, no lo hagas. No es verdad que es indispensable, vital; no importa cuánto nos lo machaque la ambición de los comerciantes.

Y hasta aquí llego. Ya me cansé de escribir tantas pendejadas. Y en verdad no hay tanto que decir. Las cosas realmente esenciales en la vida son extraordinariamente pocas. Ya vimos que bastan los dedos de una mano para contarlas: Naturaleza, Salud, Tiempo, Libertad, y Amor, como el adhesivo que lo cohesiona todo. Lo demás es basura; banalidades prescindibles, superfluas. No todo lo que brilla es oro. Las experiencias negativas mutilan la mente y el alma. La fuerza de la realidad debe hacernos cuestionar nuestras creencias y conductas. Antes de rechazar las ideas expuestas, te invito a reflexionar un momento sobre lo que te disgusta de ellas: ¿Darte cuenta de tu mediocridad? ¿Tu incapacidad de enfrentar la realidad? ¿Situar tu pequeñez en el contexto universal? ¿Comprender el engaño de que no somos hijos de dios, sino tan solo uno más de los seres insignificantes que habitan el planeta? ¿Qué es lo que más te aterra? Ya lo dijo un sabio hace muchísimo tiempo: ***La realidad no necesita probar que existe. Cuando la olvidamos, se contenta haciendo daño.*** Es imperativo entender que no existen argumentos válidos para refutar la realidad. Y lo mejor de todo es que en ella podemos atrevernos a soñar y a ser libres. Éste debe ser un nuevo amanecer, una rectificación del rumbo hacia una verdadera evolución para alcanzar la condición humana, e incorporarnos de lleno al ciclo imperecedero de éste, nuestro Universo Maravilloso.

Nunca lo olvides: A dios lo podemos mandar a chingar a su madre. ¡A la Naturaleza, NO!

9 781959 143116